サービス残業Q&A

国際産業労働調査研究センター代表
木村 大樹 著

社団法人 全国労働基準関係団体連合会

はじめに

人が働くことにはルールがあります。働いたからには、その見返りに報酬（賃金）を受け取る、安全で健康に働く、決まっている時間働く、などなどです。

サービス残業は、このルールに違反します。サッカーでいえば、イエローカードというよりもレッドカードに該当する行為といった方がよいでしょう。

ところが、サービス残業が企業社会で蔓延していることは周知の事実です。この数年、サービス残業が社会的な問題となり、行政による摘発事例も増えています。

企業サイドからみれば、これまで長年やってきたことが、突然に法違反だと言われとまどわれるかもしれません。

しかし、もともと違法であったのですから、本来の姿に戻っただけのことです。

サービス残業をさせることに罪の意識を感じる経営者は少ないのではないかと思います。生活するには十分な賃金を払っているはずで、個々の従業員が仕事をこなすために、自発的にやっているに過ぎないと考えている経営者も多いかもしれません。

また、働いている人自身が、仕事をこなすために働いているのに、何故文句を言われなければならないのか、と考えている方も多いかもしれません。

しかし、働くにもルールがあります。このルールの範囲内で働くという当たり前のことを、企業社会に定着させる必要があることをサービス残業問題は提起しているように思えてなりません。

特に、我が国では、働く人たちの高齢化が進んでいます。高齢化した人たちが、これまでのように長い時間働くということになれば、健康問題に容易に結びつきます。

このような状況を考えると、「働くルールを守って、明るい職場」を作り上げることが経営者にも働く人たちにも労働組合にも求められていることを再確認する必要があると考えられます。

本書は、サービス残業問題に関する基本的な問題をQ＆A方式でまとめたものです。巻末には、事業主、労働組合、管理職、労働者向けのチェック・リストも用意してみました。

これらを活用しながら、あなたの社内で働くルールに従った職場を作り上げていただくことができれば、本書の目的は十分に果たすことができると考えています。

平成一八年二月

著　者

目次

第2部　適法な残業とするための制度的な枠組み

第3部　サービス残業の完全解消と徹底予防に向けた取組み

第4部　サービス残業解消に向けた取組みについてのチェック・リスト

第1部　違法なサービス残業

1 サービス残業とは?

Q サービス残業とは、どのようなものですか。

A サービス残業は、労働基準法に違反するただ働きの残業で、労働者の同意があっても違法であり、罰則の適用がある。

サービス残業とは、一般的に、残業、すなわち時間外や休日に働いてもその働いたことに対して賃金が支払われない、いわゆるただ働きの残業のことをいいます。

労働基準行政では「賃金不払残業」という言葉を用い、所定時間外や休日に労働時間の一部又は全部に対して、決められた賃金や残業手当が支払われないことと定義しています。

サービス残業は、時間外労働や休日労働に対して賃金を支払わないわけですから、当然のことながら、労働基準法に違反します。

よく誤解されることが、社員も時間外労働や休日労働に対する賃金が支払われないことを

納得して残業をしている場合や、社員が自主的に残業しているので、その分については賃金を支払う必要がないと考えている使用者がいることです。

しかし、労働基準法は契約の両当事者がこれと違う定めをすることができない強行規定ですので、仮に企業側と社員とが話し合って、サービス残業をすることで合意したとしても、違法であることに何ら変わりはありません。

2 サービス残業の問題点は？

Q サービス残業は、何故問題なのですか。

A サービス残業は、労働基準法に違反するほか、労働者との労働契約に違反すること、長時間労働や過重労働、さらには過労死や過労自殺につながるおそれがあること、家庭生活、社会生活に支障が生じるおそれがあること等多くの重大な問題がある。

サービス残業については、次のような多くの問題点が指摘されています。

第1に、Q1で述べたように労働基準法に違反し、違反に対しては罰則の適用がある違法な行為であるということです。

第2に、企業等で働くという労働関係は、書面によるか否かを問わず、企業等と労働者との間の労働契約により発生します。そして、労働契約の内容として、労働者が一定の時間使用者の指揮命令の下で労務の提供を行い、使用者がその労務の提供の対価として賃金を支払うことを主要な契約内容として成り立っています。サービス残業を行うということは、労働者が行う労務の提供に対して使用者がその対価である賃金を支払わないわけですから、両当事者間の労働契約に違反することは明白です。

第3に、労働基準法の法定労働時間等の規定は、労働者が健康で安心して働けるようにという趣旨で定められています。ところが、サービス残業をさせた場合には、使用者側の経済的負担なしに労働させることになるのですから、いわば限度なしに働かせることにつながりかねません。つまり、長時間にわたる労働や過重な労働になりやすいという問題があり、そのことが労働者の健康を損ね、ひいては過労死や過労自殺にもつながりかねないという重大な事態を招くおそれがあります。

第4に、労働者は職業生活とともに家族生活等の社会的生活を送っています。サービス残業により長時間労働をすることになりますと、家族とのふれあいの時間がなくなるなど家族生活に支障が出てくるおそれがあり、その他地域社会等での生活にも悪影響を及ぼし、人間らしい生活が送れなくなるおそれがあります。

このように、サービス残業は社会的に大きな問題であり、使用者及び労働者はもとより、全ての関係者が、その解消を図るとともに、予防に取り組む必要がある課題なのです。

３　サービス残業増加の背景は？

Q サービス残業のことがよくマスコミなどで報道されていますが、このようにサービス残業が増加している背景は何ですか。

A 十分な時間外労働の削減なしに時間外手当の削減を図ろうとすることが労働基準法違反の事態を誘発するケースがあり、マスコミなどで報道されているサービス残業は氷山の一角である。

国際的な厳しい企業間競争が激しくなる中で、企業にとって人件費の削減が大きな課題となっています。企業においては、人件費の削減のために様々な取組みが行われていますが、その一つとして時間外手当の抑制が図られています。本来、時間外手当の削減に当たっては、その前提として時間外労働を削減する必要があるのですが、現実には時間外労働の削減、すなわち業務量の削減を十分行うことなしに、時間外手当のみを削減しようとするケー

スがみられます。

例えば、成果主義による年俸制の導入、残業代を支給しなくてよい管理職の範囲の拡大、一定額以上の残業代を支給しない定額残業制や残業代の請求を労働者自身に委ねる自己申告制をとるなどの取組みをしている企業が数多くみられますが、これらの企業の中では、時間外手当の抑制のみが目的となっているために、時間外労働が削減されないまま時間外労働手当が削減され、その差がサービス残業となり、結果として、労働基準法違反を誘発する事態を招いているケースが多数あります。いずれにしても、マスコミ等で報じられているサービス残業の事例は、いわば氷山の一角であり、多くの企業でサービス残業が行われているのではないかと推察されています。

4 サービス残業のタイプは?

Q サービス残業には、どのようなタイプがありますか。

A サービス残業には、自己申告規制型、上限設定型、定額型、下限設定型、振替休日未消化型、年俸制組込型、管理監督者不適合型、変形労働時間制等不適合型など様々なパターンがある。

サービス残業の態様は企業により様々ですが、一般に次のようなパターンがあるといわれています。

パターン1　自己申告規制型

自己申告制を採用している場合で、自己申告により正確な時間外労働時間を申告しにくい雰囲気があるなどにより、正確な申告が行われずにサービス残業が発生するケースで、他のパターンと併用して行われる場合もあります。

パターン2　上限設定型

１月の時間外労働時間の上限を決めており、上限を超えた時間外労働時間については、時間外労働手当を支払わないケースです。

パターン3　定額型

毎月一定額の時間外労働手当を支払うが、それに対応する時間外労働時間を超えて働いてもそれ以上は支払わないケースです。

パターン4　下限設定型

１日や1月の一定時間までの時間外労働については時間外労働手当を支払わず、それ以上に時間外労働した時間に限って支払うケースです。

パターン5　振替休日未消化型

振り替えられた休日に出勤させ、実質的には休日を与えていないのに、休日労働の休日労働手当を支払わないケースです。

パターン6　年俸制組込型

年俸に時間外・休日労働手当が含まれているとして支払わないケースや、制度上時間外・休日労働手当を含んでいるが、その額を超えて働いても差額を支払わないケースです。

パターン7　管理監督者不適合型

本来は、時間外・休日労働手当の支給対象となる労働者について、労働時間の規制の対象外となる管理監督者として取り扱うことにより、時間外・休日労働手当を支給しないケースです。

パターン8　変形労働時間制等不適合型

所定の手続を踏まずに変形労働時間制を導入するケースや、時間外・休日労働手当は割増賃金とされていますが、その算定基礎から法律上除外することができない賃金や手当を除外するケースです。

5 サービス残業の統計はあるか？

Q

サービス残業が増えているとのことですが、その現状は、どのようになっていますか。統計などはあるのでしょうか。

A

厳密な統計はないが、年間１２００企業、労働者数20万人、未払い賃金額２４０億円について是正指導が行われている。

サービス残業のまん延は、大きな社会問題となっています。厳密な統計はありませんが、平成15年に全国の労働基準監督署が定期監督をした12万１０３１事業場のうち、時間外労働、休日労働、深夜業に対する割増賃金を支払わないサービス残業があったとして、使用者に割増賃金の支払いを求めた是正指導の件数は１万８５１１件と約15％の事業場が労働基準法違反を問われています。

また、厚生労働省が平成16年９月に発表した「監督指導による賃金不払残業の是正結果」

によれば、平成15年度中に労働基準監督署等が不払いを理由に割増賃金の支払いをさせたもののうち、1企業あたり合計100万円以上となった事案だけで、1184企業が是正指導を受けており、対象となった労働者数は19万4653人で、支払金額は238億7466万円に達しています。産業別には、商業（348企業、約5万7千人、約50億円）、製造業（318企業、約5万9千人、約109億円）、金融・広告業（100企業、約3万8千人、約36億円）で多くなっています。

これらの企業のうち、1企業あたり合計1000万円を超えるものが236企業と約20％に達し、対象労働者数では14万7660人と全体の76％、是正支払額では全体の88％を占めています。

なお、平成15年度のサービス残業の是正件数は、企業数、対象労働者数、是正支払額とも、前年やその前の年よりも大幅に増加しています。

6 行政措置の内容は？

Q サービス残業に対して、行政はどのような措置を講ずるのですか。

A サービス残業は労働基準法違反であり、その解消は労働基準行政の最優先課題の1つと位置づけられている。サービス残業の疑いがある場合には監督指導などで厳正に対応しており、悪質なケースについては司法処分を行っている。

サービス残業は、労働基準法違反ですから、サービス残業の疑いがある場合には、労働基準監督署は立ち入り調査（監督指導）を行います。この監督指導には、

① 計画的に事業場を監督指導する定期監督
② 労働者の申告等に基づき行われる申告監督

等があります。

監督指導は、通常事前連絡なしに行われます。また、夜間に行われることもあります。

監督指導の結果、労働基準法違反が確認された場合には、過去にさかのぼって時間外・休日労働手当等を支払うことや労働時間管理の改善などについての是正勧告や指導票の交付などが行われます。

悪質な事案については、検察庁に送検するという司法処分が行われます。平成15年には、サービス残業による労働基準法違反の容疑で書類送検された件数は84件と前年を大幅に上回っています。

7 労働時間把握の法律上の根拠は？

Q 労働時間を把握する責任が使用者にあるとする法律上の根拠はありますか。

A 労働基準法その他の法令においては、労働時間の把握について、使用者の義務と定めた直接の規定はないが、労働基準法は、労働時間、休日、深夜業等について規定を設けていることから、使用者は、労働時間を適正に把握するなど労働時間を適切に管理する責務を有していることは明らかである。

労働基準法その他の法令においては、労働時間の把握について、使用者の義務と定めた直接の規定はありません。しかしながら、例えば、労働基準法第32条では、「使用者は、労働者に、休憩時間を除き１週間について40時間を超えて、労働させてはならない。使用者は、１週間の各日については、労働者に、休憩時間を除き１日について８時間を超えて、労働させてはならない。」との規定があります。また、同法第37条第1項では、「使用者が、労働時間を延長し、又は休日に労働させた場合においては、その時間又はその日の労働については、通常の労働時間又は労働日の賃金の計算額の2割5分以上5割以下の範囲内でそれぞれ政令で定める率以上の率で計算した割増賃金を支払わなければならない。」と規定しています。

使用者がこれらの規定で定める義務を履行するには、当然に労働者の労働時間を把握しておかなければならないことになります。このような趣旨で、労働時間適正把握基準では、「労働基準法は、労働時間、休日、深夜業等について規定を設けていることから、使用者は、労働時間を適正に把握するなど労働時間を適切に管理する責務を有していることは明らかである。」としています。

なお、裁判例においても、「正確な時間外労働の時間数が不明であるのは、出退勤を管理していなかった会社の責任であるから、正確な残業時間が不明であることを理由として、時間外割増賃金の請求が認められないことにはならない。」とするもの（東久商事事件　大阪地裁H10・12・25）があり、その前提としては、使用者に労働時間の管理・把握の義務があるとされているものと解されます。

8 「適正把握基準」の対象者は？

Q 「労働時間適正把握基準」は、どのような事業場のどのような労働者を対象としていますか。

A 農業、畜産業、養蚕業、水産業以外のすべての事業の管理・監督者、みなし労働時間制が適用される労働者等以外のすべての労働者に適用される。

労働基準法では、労働時間、休憩、休日、深夜業等について規定を設け、使用者にこれを遵守することを求めており、その前提として、使用者には労働時間を適正に把握するなど労働時間を適切に管理する義務があるとされています。労働時間適正把握基準は、労働時間の適正な把握のために、使用者が講ずべき措置を具体的に明らかにし、労働時間の適切な管理を促進するために定められたものです。

労働時間適正把握基準が対象とする事業場及び労働者は、次のとおりです。

① 対象事業場…労働基準法第4章が適用されるすべての事業場で、適用されないのは、農業、畜産業、養蚕業、水産業で、それ以外のすべての事業には適用されます。

② 対象労働者…適用されないのは、労働基準法第41条第2号の管理・監督者や同条第3号の監視・断続的業務従事者（Q28で詳述）及び同法第38条の2から第38条の4までの規定によりみなし労働時間制が適用される労働者（Q25及びQ26で詳述）等で、それ以外のすべての労働者には適用されます。

９　「適正把握基準」が定める措置は？

Q

労働時間適正把握基準では、労働時間の適正な把握のために使用者が講ずべき措置として、どのようなことが定められていますか。

A

労働時間適正把握基準では、使用者は各労働者の労働日ごとの始業・終業時刻を確認すべきことや始業・終業時刻を確認し、記録するための原則的な方法は使用者自らが現認すること、タイムカード等の客観的な記録を基礎とすることなどを定めている。

労働時間適正把握基準では、労働時間の適正な把握のために使用者が講ずべき措置として、以下のことが示されています。

第１に労働時間を適正に管理するため、使用者は、労働者の労働日ごとの始業・終業時刻を確認し、これを記録することが求められています。すなわち、単に１日何時間働いたかを記録するのではなく、労働日ごとに始業時刻・終業時刻を確認・記録し、これを基に何時間働いたかを把握・確定する必要があります。また、出勤簿に押印することにより、就業規則等で定められた所定労働時間働いたこととしている場合であっても、具体的な始業時刻や終業時刻を確認し、出勤簿に記録する必要があります。

第2に使用者が始業・終業時刻を確認し、記録する方法としては、原則として次のいずれかの方法によることとされています。

第1の方法は、使用者が自ら現認することにより確認し、記録することです。中小規模の企業や、小規模の部・課・出張所等においては、労働者が少人数であるため、使用者自ら又は労働時間の管理を行う者が、直接確認することも可能と考えられます。なお、確認した始業・終業時刻については、当該労働者からも確認することがトラブル防止のためにも望ましいとされています。

第2の方法は、タイムカード、ICカード等の客観的な記録を基礎として確認し、記録することです。タイムカード、ICカード、IDカード、パソコン入力等の客観的な記録を基本情報とし、必要に応じて、使用者が有する残業命令書など労働時間を算出するための記録を照合させることにより確認し、記録することが求められています。なお、タイムカードを打刻する場所が実際に勤務する場所と離れている場合などタイムカード等に打刻された時刻

が始業・終業時刻と異なる場合には、労使間で協議して、打刻場所と職場までの時間差を組み入れておくことを協定しておくのも１つの方法とされています。

なお、自己申告制により始業・終業時刻を確認し、記録する方法をとることは、例外的に認められるとされており、この場合に使用者が講ずべき措置についてはＱ11で詳述します。

10 自己申告制の方法とその問題点は？

Q 自己申告制には、どのような方法があり、またどのような問題があるのか、教えてください。

A 自己申告制には全ての労働時間を労働者の自己申告による場合（フレックスタイム制）と、所定時間は出勤簿等で把握し、時間外労働について自己申告による場合がある。自己申告の場合には一般に労働時間管理が曖昧になりがちで、使用者に一定の措置を講ずることが求められる。

自己申告制には、大別すると、次の2つの方法があります。

1つ目が始業・終業時刻も含め、すべての労働時間を労働者の自己申告により把握しているもので、フレックスタイム制が適用される労働者に多くみられます。

2つ目が所定労働時間について、出勤簿等により把握し、時間外労働については、自己申

告により把握しているもので、この場合には、通常終業時刻については自己申告により把握できますが、始業時刻については出勤簿等に記載する必要があります。

自己申告による労働時間の把握については、一般に労働時間管理が曖昧になりがちです。このため、単に自己申告によるということではなく、Ｑ11で述べるように、使用者が一定の措置を講ずることにより、適正な労働時間の把握に努める必要があります。

11 自己申告制で使用者が講ずべき措置とは？

Q 自己申告制により始業・終業時刻を確認し、記録する方法をとる場合に使用者が講ずべき措置とは、どのようなものですか。

A 事前に労働者に対して、正確かつ適正に記録・申告すること、正確な申告に不利益な取扱いがないことなどを十分説明すること、自己申告による労働時間と実際の労働時間との合致について実態調査を実施すること、ノー残業デーの設定等の取組みが労働時間の適正申告の阻害要因となっていないかを検証し、改善のための措置を講ずること、タイムカード等の記録に関する書類を3年間保存することなどの措置が必要である。

労働時間を使用者が自ら現認することにより確認し、記録する、又はタイムカード、ＩＣカード等の客観的な記録を基礎として確認し、記録するという方法ではなく、自己申告制により始業・終業時刻を確認し、記録する方法をとらざるを得ない場合、使用者は次の措置を講ずることが必要とされています。

①　自己申告制を導入する前に、対象となる労働者に対して、労働時間の実態を正しく記録し、適正に自己申告を行うこと、自己申告制の具体的な内容、適正な自己申告を行ったことにより不利益な取扱いが行われることがないこと、などについて十分な説明を行うことが必要です。説明の方法としては、無用なトラブルを防止するためにも、自己申告制の具体的な内容を文書化することが望まれます。

②　自己申告制については、労働者が自己の労働能力について高い評価を受けたいため労働時間を過少申告する傾向もみられることから、使用者は、自己申告により把握した労働時間が実際の労働時間と合致しているか否かについて、実態調査を実施することが望まれます。ここでいう実態調査とは、労働者や管理者にアンケート調査を行うのではなく、自己申告により始業・終業時刻を把握している労働者について、一定期間、自己申告以外の方法を併用して始業・終業時刻を把握し、自己申告に基づく始業・終業時刻と照合するものです。特に労働者や労働組合から労働時間の把握が適正に行われていないとの指摘があった場合には、必ず実態調査を行ってください。

③　各企業においては、ノー残業デーの設定や労働時間短縮の社内通達、時間外労働時間数

の上限の設定など労働時間短縮について様々な取組みが行われています。これらの取組みは、本来業務を効率的に処理し、総労働時間を短縮しようとするものですが、労働者に対する周知のあり方や管理者の安易な発言等から、労働者の労働時間の適正な申告を阻害する効果をもたらしている場合があり、中にはそのことを意図しているものもあります。自己申告制は労働者が適正な申告を行うことができる環境を作ることが重要です。したがって、各企業においては、労働者の労働時間の適正な申告を阻害する意図を有している取組みを直ちに廃止することはもとより、そのような意図がない場合でも、運用方法から、労働時間の適正な申告の阻害要因となっていないかについて検証し、阻害要因について改善のための措置を講ずる必要があります。

また、時間外労働時間の削減のための社内通達や時間外労働手当の定額払い、職場単位ごとの時間外労働手当の予算枠、時間外労働手当の目安時間の設定等の措置が、労働者の労働時間の適正な申告を阻害する要因となっていないかについて確認し、阻害要因となっている場合には、改善措置を講ずることが必要です。

④ さらに、使用者が自ら始業・終業時刻を記録したもの、タイムカード等の記録、残業命令書及びその報告書、労働者が自ら労働時間を記録した報告書など労働時間の記録に関する書類は、賃金台帳への記載を含め、それぞれの書類ごとに最後の記載がなされた日から

３年間保存しなければなりません。

なお、画像情報として、光磁気ディスク等の電子媒体に保存する場合、次の点に注意する必要があります。

ア　記録された保存義務のある画像情報について、故意又は過失による消去、書換え及び混同ができないこと。

イ　画像情報を記録した日付、時刻、媒体の製造番号等がその媒体上に記録されるとともに、これらを参照することが可能であること。

ウ　保存義務のある画像情報を正確に記録し、法令が定める期間にわたり損なわれることなく保存できること。また、正確に復元できること。

12 「適正把握基準」の求める内容は？

Q 労働時間適正把握基準では、労働時間管理上の問題点の把握とその解消のために、どのようなことを求めていますか。

A 労働時間管理責任者が労働時間管理の適正化に関する事項を管理し、労働時間管理上の問題点の把握とその解消を図るべきこと、労使協議組織の活用により労働時間管理の現状を把握の上、その問題点と解消策等の検討を行うことなどを求めている。

労働時間適正把握基準では、労務担当役員、労務部長、総務部長等労務管理を行う部署の責任者に対し、労働時間が適正に把握されているか、過重な長時間労働が行われていないか、労働時間管理上の問題点があればどのような措置を講ずべきかなど労働時間管理の適正化に関する事項を管理し、労働時間管理上の問題点の把握とその解消を図るべきことを求め

ています。

また、自己申告制により労働時間の管理が行われている場合、又は１つの事業場において複数の労働時間制度を採用しており、これに対応した労働時間の把握方法がそれぞれ定められている場合等必要がある場合には、労働時間等設定改善委員会等の労使協議組織を活用して、労働時間管理の現状を把握の上、労働時間管理上の問題点及びその解消策等の検討を行うことを求めています。

13 「賃金不払残業総合対策要綱」の内容は？

Q 「賃金不払残業総合対策要綱」とは、どのようなものですか。

A サービス残業の解消を目指してサービス残業解消対策を強化するとともに、労使の主体的な取組みを促すために制定されたもので、指針の策定・キャンペーン月間の実施・労使の意識改革・重点監督月間の設定・事例のとりまとめを盛り込んでいる。

賃金不払残業総合対策要綱は、サービス残業（賃金不払残業）が大きな社会問題となっていることから、その解消を図ることを目的として、厚生労働省が平成15年に策定したものです。それまで厚生労働省が実施してきたサービス残業解消対策をさらに強化するとともに、労使の主体的な取組みを促すものとなっています。

具体的には、次の5項目の対策を示しています。

①「賃金不払残業の解消を図るために講ずべき措置等に関する指針」の策定
②「賃金不払残業解消キャンペーン月間」の実施
③都道府県レベルでの労使当事者の意識改革の推進
④的確な監督指導等の実施と「賃金不払残業重点監督月間」の設定
⑤賃金不払残業に係る事例のとりまとめ

①の指針についてはQ14で詳述することとし、ここでは②と④について、触れておきます。

②の「賃金不払残業解消キャンペーン月間」は、毎年11月に設定し、サービス残業の解消に向けたキャンペーンを重点的に実施することとしています。

「賃金不払残業解消キャンペーン月間」は、「賃金不払残業重点監督月間」とは連動しておらず、後者については時期が特定されていません。また、キャンペーン月間においてもサービス残業解消の重点監督を実施することにしています。

なお、監督指導の実施については、「労働時間適正把握基準の周知徹底を行うとともに、的確な監督指導を実施し、特に法違反が認められかつ重大悪質な事案については、司法処分を含め厳正に対処する」としています。また、監督指導については、日中のみならず、夜間にも積極的に実施することとしています。

14 「指針」の内容は？

Q 「賃金不払残業の解消を図るために講ずべき措置等に関する指針」とは、どのようなものですか。

A サービス残業解消のために労使が一体となった取組みを促すもので、労働時間の適正な把握、職場風土の改革、労働時間管理のシステムの整備、責任体制の明確化及びチェック体制の整備を盛り込んでいる。

「賃金不払残業の解消を図るために講ずべき措置等に関する指針」は、労働時間適正把握基準において示された労働時間の適正な把握のために使用者が講ずべき措置に加え、各企業において労使が各事業場における労働時間の管理の適正化とサービス残業の解消のために講ずべき事項を示し、企業の本社と労働組合等が一体となっての企業全体としての主体的な取組みに資することを目的としています。

指針では、次の５つの事項について、企業の本社と労働組合等が一体となって、企業全体で取り組むことを求めています。

① 使用者が労働時間の適正な把握に努めること。
② サービス残業を容認する職場風土を改革すること。
③ 適正な労働時間管理を行うためのシステムを整備すること。
④ 労働時間を適正に把握するための責任体制を明確にすること。
⑤ 労働時間を適正に把握するためのチェック体制を整備すること。

15 企業全体で取り組む内容とは？

Q 企業の本社と労働組合等が一体となっての企業全体としての主体的な取組みとはどのようなことをいいますか。

A 労使は事業場内におけるサービス残業の解消について実情を最もよく知ることから、それぞれの役割を認識し、労使が協力して主体的に取り組む体制を整備すること。

事業場の使用者と労働組合（労使）は、事業場内におけるサービス残業の解消について、実情を最もよく知るべき立場にあります。このため、それぞれが果たすべき役割を十分に認識するとともに、労働時間の管理の適正化とサービス残業の解消のために主体的に取り組むことが求められています。

グループ企業などの場合、グループ企業全体でこうした取組みを行うこともサービス残業の解消に効果があると期待されています。

このうち、使用者の役割については、労働基準法が次のような使用者の遵守すべき事項を規定しており、これを遵守するためには、使用者は労働時間を適正に把握し、労働時間を適切に管理する必要があるとされています。

① 労働時間は、原則として１週40時間、１日８時間以内とすること。

② 原則として、１週に１日の休日を与えること。

③ ①の労働時間を超えて労働させるか、又は②の休日に労働させる場合には、三六協定を締結し、所定の割増賃金を支払うこと。

一方、労働組合は、三六協定の締結当事者として、事業場の残業時間の長さを決める当事者ですから、本社や事業場など企業全体として、サービス残業に対するチェック機能を発揮することにより、その解消を図ることが期待されています。

これら労使の役割については、労使協議組織を設けて、サービス残業の実態把握、具体的な改善策の検討、実施、フィードバックなどに取り組むなど、労使が協力して取り組む体制を整備することが望まれています。

16 職場風土の改革とは?

Q 職場風土の改革とはどのようなことをいいますか。

A 事業場内にあるサービス残業はやむを得ないとの労使の共同の意識を解消することで、そのために経営トップによる決意表明・労使による共同宣言・事業場内共同巡視・労働者に対する教育等を行うこと。

サービス残業が多くの事業場にある背景としては、職場の中にサービス残業が存在することはやむを得ないとの労使双方の共通の意識(職場風土)があることが考えられます。

したがって、サービス残業を根本的に解消し、徹底して予防するためには、この職場風土を改革することが重要です。

このような観点から次のような取組みが示されており、積極的に取り組むことが求められています。

①　経営トップによるサービス残業解消に向けた決意表明
②　労使によるサービス残業撲滅共同宣言
③　労使共同による事業場内巡視等の実施
④　管理職・個々の労働者に対するサービス残業解消のための教育

17 労働時間管理のためのシステム確立とは？

Q 適切に労働時間の管理を行うためのシステムの確立とはどのようなことをいいますか。

A 出退勤時刻の記録等を管理し、関係者が行うべき事項・手順をマニュアル化することなど労働時間管理のシステムを確立・定着させること。

サービス残業のない職場を創るためには、適切に労働時間を管理するシステムを確立し、定着させる必要があります。このようなシステムを確立するための方法として、次の事項が示されています。

① 出退勤時刻や入退室時刻の記録
② 出退勤時刻や入退室時刻の事業場内のコンピューターシステムへの入力・記録

③　サービス残業の有無も含めた労働者の勤務状況に係る社内アンケートの実施等によりサービス残業の実態を把握した上で、サービス残業の解消に向けて関係者が行うべき事項や手順等を具体的に示したマニュアルの作成

これら適切に労働時間の管理を行うためのシステムについては、労働時間適正把握基準に適合するものでなければなりません。

労働時間の管理のための制度やその運用、さらには業務体制や業務指示などについての見直しのための検討も望まれており、その際には、労使委員会が当事者からヒアリングを行う等により勤務実態を明らかにすることが有効であるとされています。

さらには、人件費予算の制約により、サービス残業を行うことがないよう、業務内容と予算額の調整も検討する必要があります。

人事考課に当たっても、サービス残業をした労働者もこれを許した現場責任者も評価しないというサービス残業解消の視点に立った人事労務管理を行い、これを現場レベルに徹底することが重要であると指摘しています。

18 責任体制の明確化とチェック体制の整備とは？

Q 労働時間を適正に把握するための責任体制の明確化とチェック体制の整備とはどのようなことをいいますか。

A 労働時間管理責任者の適正な選任・配置・明確化、上司や人事労務担当者以外の者を担当者とする相談窓口の設置、投書箱（目安箱）や専用の電子メールアドレスを設ける、労働組合における相談窓口の設置などがある。

事業場内で労働時間管理を適切に行い、サービス残業をなくすためには、事業場ごとに労働時間の管理を行う責任者を明確にすることが必要です。

特にサービス残業が行われたことのある事業場については、例えば、同じ指揮命令系統にない複数の者を労働時間管理の責任者にすることにより、牽制体制を確立して労働時間のダブルチェックを行うなど厳正に労働時間を把握するような体制を確立することが望ましいと

されています。
また、企業全体として、適正な労働時間の管理を遵守徹底させる責任者を選任することも重要であるとされています。
さらに、サービス残業に関する相談窓口を設置する等その実態を積極的に把握する体制を確立することも重要であるとしており、その際には、上司や人事労務担当者以外の者を相談窓口とする、企業トップが直接情報を把握できるような投書箱（目安箱）や専用の電子メールアドレスを設けることも指摘されています。
また、労働組合においても、相談窓口の設置やサービス残業を把握した場合の労働組合としての必要な対応についても指摘されています。

第2部　適法な残業とするための制度的な枠組み

19 労働時間の範囲は?

Q 労働時間に含まれるのはどのような時間で、どの範囲までがこれに入りますか。

A 労働時間は使用者の指揮監督の下に労働者が働いた時間で、使用者の指揮監督を受けて労働するために待機している時間も含まれる。労働者の自発的な残業は、これを知りながら、中止させずに放置し、その労働の成果を受け入れている場合には、労働時間に該当する。

労働時間とは、使用者の指揮監督の下に労働者が働いた時間のことをいいます。当然のことながら、使用者は労働者を無制限に働かせることはできません。労働基準法では、労働時間について、休憩時間を除き、原則として「1週40時間、1日8時間以内」と定めています。

労働時間には、現実に作業に従事している時間のほか、使用者の指揮監督を受けて労働するために待機している時間も含まれます。例えば、店舗における客待ち時間等がこれに当たります。

労働時間に当たるか否かが問題となるものとして、次のようなケースがあり、それぞれに記述するところにより、労働時間か否かを判断しています。

① 作業の準備・後始末：作業前に行う準備や作業後の後始末の時間は、使用者の明示又は黙示の指揮監督の下で行われている限り、労働時間と解されています。

② 作業衣への更衣：一定の作業衣等の着用を義務づけている場合には、作業衣への更衣の時間は労働時間であるとする判例があります。

③ 教育・研修：教育・研修に参加する時間は、就業規則などにより制裁をもって出席が強制される場合には労働時間であり、そのような制裁のない自由参加の場合には労働時間ではないと解されています。なお、安全衛生教育については事業遂行上必ず受けなければならないので、労働時間としなければなりません。

④ 小集団活動：小集団活動に参加する時間は、就業規則などにより制裁をもって出席が強制される場合には労働時間であり、そのような制裁のない自由参加の場合には労働時間ではないと解されています。

⑤　健康診断：一般健康診断の受診時間については必ずしも労働時間とする必要はありませんが、特殊健康診断の受診時間については事業遂行上必ず受診しなければならないので、労働時間としなければなりません。

⑥　労働者の自発的な残業：労働者の自発的な残業を知りながら、中止をさせずに放置し、その労働の成果を受け入れている場合には、労働時間に該当すると解されています。

20 労働時間の基本原則とは？

Q 労働基準法は、労働時間に関する基本的な原則について、どのように定めていますか。

A 原則的な法定労働時間は、休憩時間を除き週40時間（特例事業場では44時間）、1日8時間労働である。

原則的な法定労働時間について、労働基準法第32条は、使用者は、労働者に、休憩時間を除き1週間について40時間を超えて、労働させてはならないこと、1週間の各日について、休憩時間を除き1日について8時間を超えて労働させてはならないと定めています。ただし、常時10人未満の労働者を使用する商業、映画・演劇業（映画の製作の事業を除く。）、保健衛生業及び接客娯楽業（以下「特例対象事業場」といいます）の1週間の法定労働時間は44時間とされています（労働基準法施行規則第25条の2第1項）。

ここでいう1週間とは、就業規則等で任意に定めることが可能ですが、任意の定めがない場合には、日曜日から土曜日までの1週間と解されています。

また、1日については、午前0時から午後12時までの暦日24時間をいうものと解されていますが、継続する勤務が2日にわたる場合でも1勤務として取り扱うことになっています。

21　１か月単位の変形労働時間制とは？

Q　１か月単位の変形労働時間制とはどのようなものですか。

A　就業規則等で定め、これに従って労働させる場合には特定の週等に週40時間、１日８時間を超えて労働させることができる制度である。

１か月単位の変形労働時間制は、次の定めに従って労働させる場合には、特定の週に週40時間（特例対象事業場では44時間）を超え、又は特定の日に１日８時間を超えて、労働させることができる制度です。

①　労使協定又は就業規則その他これに準ずるものにおいて、
②　変形期間を１か月以内の一定期間とし、
③　変形期間を平均して１週間の労働時間が40時間（特例対象事業場では44時間）を超

表　変形期間中の労働時間の総枠

変形期間	通常の事業場	特例対象事業場
1か月単位（30日）	171.4時間	188.5時間
1か月単位（31日）	177.1時間	194.8時間
4週間単位	160.0時間	176.0時間
10日単位	57.1時間	62.8時間
1週間単位	40.0時間	44.0時間

えない範囲内において、
④　各週及び各日の労働時間を具体的に特定する定めをすること

労使協定とは、使用者が、その事業場に、労働者の過半数で組織する労働組合がある場合にはその労働組合、労働者の過半数で組織する労働組合がない場合には労働者の過半数を代表する者との協定で、この協定については、有効期間を定めた上で、労働基準監督署長に届け出る必要があります。

「その他これに準ずるもの」とは、常時10人未満の労働者を使用する事業場では、就業規則の作成義務がないため、就業規則と同様の定めを行うことを定めたものです。

1か月単位の変形労働時間制では、変形期間の労働時間の総枠は、1週間の法定労働時間（40時間（特例対象事業場では44時間））に変形期間の日数を7で除した数を乗じて得られます。具体的には、上の表のようになります。

また、法定時間外労働となる時間は、

① 1日については、その日に8時間を超えた定めをした日についてはその時間を超えて労働した時間、それ以外の日は8時間を超えて労働した時間

② 1週間については、その週に40時間（特例対象事業場では44時間）を超えた定めをした週についてはその時間を超えて労働した時間、それ以外の週は40時間（特例対象事業場では44時間）を超えて労働した時間（①で法定外労働時間となる場合は除きます。）

③ 変形期間については、変形期間の労働時間の総枠を超えて労働した時間（①又は②で法定外労働時間となる場合は除きます。）

22 1年単位の変形労働時間制とは？

Q 1年単位の変形労働時間制とはどのようなものですか。

A 季節的に業務の繁閑のある企業で効率的な労働時間配分ができる制度で、一定の事項について労使協定を締結し、届け出ることが必要である。

1年単位の変形労働時間制は、季節によって業務に繁閑の差があるような場合に適した制度で、1か月を超え1年以内の期間で採用することができます。この制度を利用することにより、繁忙期には時間外労働の必要性があり、逆に閑散期には所定労働時間を短くしても問題のない事業場においては、効率的な労働時間の配分ができるようになります。

1年単位の変形労働時間制は、最長1年という長期にわたって労働時間を変形させることができる制度ですから、極力時間外労働が生じないように努める必要があり、Q34の労働時間の延長の限度等に関する基準においても対象期間が3か月を超える1年単位の変形労働時間制の場合には、通常の労働者よりも短い基準が定められています。

　１年単位の変形労働時間制を導入する場合には、次の事項について労使協定で定め、労働基準監督署長に届け出なければなりません。
①　対象となる労働者の範囲
②　対象期間（１年以内の期間に限ります。）
③　特定期間（対象期間中の特に業務が繁忙な期間）を設ける場合はその期間
④　次のア～エを満たすように対象期間における労働日数及び当該労働日ごとの労働時間を定めること。（対象期間を１か月以上の期間に区分するときは、最初の期間における労働日ごとの労働時間と他の期間における労働日数及び総労働時間を定めるとともに、他の各期間における労働日数及び総労働時間を定めることとしており、他の各期間における労働日及び当該労働日ごとの労働時間は各期間の初日の少なくとも30日前に定めることもできます。）
ア　１年以内の一定期間を平均して１週間の労働時間が40時間を超えないこと
イ　１日の労働時間の上限は10時間、１週の労働時間の上限は52時間
ウ　連続労働日数の上限は６日（特定期間を設定する場合の上限は、特定期間中は１週に１日の休日が確保できる日数）

エ　3か月を超える期間を対象とする場合は次の要件を満たすこと
・　1年当たりの労働日数の上限は２８０日
・　週48時間を超える労働時間となる週の連続は3週まで
・　対象期間を初日から3か月ごとに区分した各期間に週48時間を超える労働時間となる週は3週まで

⑤　労使協定の有効期間

1年単位の変形労働時間制を導入する場合、法定時間外労働となる時間は、次のとおりです。

ア　1日については、その日に8時間を超えた定めをした日についてはその時間を超えて労働した時間、それ以外の日は8時間を超えて労働した時間

イ　1週間については、その週に40時間を超えた定めをした週についてはその時間を超えて労働した時間、それ以外の週は40時間を超えて労働した時間（アで法定外労働時間となる場合は除きます。）

ウ　変形期間については、変形期間の労働時間の総枠を超えて労働した時間（ア又はイで法定外労働時間となる場合は除きます。）

なお、途中退職者については、退職時において対象期間中に労働させた労働時間の週平均

ウチの会社も1年単位の変形制にしては？
でも、わが社の業務は季節的に繁閑がありませんよ！

が40時間を超えている場合、その超えた労働時間について、法定時間外労働の割増賃金を支払うことになります。

23 1週間単位の非定型的変形労働時間制とは?

Q 1週間単位の非定型的変形労働時間制とはどのようなものですか。

A 日ごとに業務の繁閑が生じる特定の業種の小規模事業場において実施可能な変形労働時間制である。

1週間単位の非定型的変形労働時間制は、小売店、旅館、料理店及び飲食店の事業で常時使用する労働者数が30人未満の事業場に限って行うことができます。

1週間単位の非定型的変形労働時間制は、日ごとに業務の繁閑が生じ、その繁閑が定型的に定まらない場合に適しています。

1週間単位の非定型的変形労働時間制を採用する場合には、次の項目について労使協定で定め、所定の様式で所轄の労働基準監督署長に届け出なければなりません。

① 1週間単位の非定型的変形労働時間制を導入すること

② 使用者は、週40時間、1日10時間以内で、1週間の各日の労働時間を定め、原則としてその週の前週末までに書面で通知すること

1週間単位の非定型的変形労働時間制を採用する場合に法定時間外労働となる時間は、次のとおりです。

① 1日については、事前通知により、その日に8時間を超える時間とした日についてはその時間を超えて労働した時間、それ以外の日は8時間を超えて労働した時間

② 1週間については、40時間を超えた時間（①で法定外労働時間となる場合は除きます。）

24 フレックスタイム制とは?

Q フレックスタイム制とはどのようなものですか。

A 1月以内の総労働時間だけを決め、各労働日の労働時間を労働者の自主的な決定に委ねる制度である。

フレックスタイム制は、1日の所定労働時間の長さを固定的に定めないで、1か月以内の一定期間の総労働時間の長さだけを定めて、各労働日の労働時間は労働者の自主的な決定に委ねる制度です。1日の労働時間は、必ず勤務しなければならない時間帯（コアタイム）と、その時間帯の中であれば出退社が自由な時間帯（フレキシブルタイム）に分けることができます。

フレックスタイム制を導入するには、就業規則等で始業と終業の時刻を労働者の自主的な決定に委ねることを定め、労使協定において、次の事項を定めて締結する必要があります。

① 対象となる労働者の範囲
② 清算期間（1か月以内）
③ 清算期間における総労働時間
④ 標準となる1日の労働時間
⑤ コアタイム、フレキシブルタイムを設ける場合には、その開始及び終了の時刻

フレックスタイム制においては、1か月以内とされる清算期間を通算して、その清算期間に対応する法定労働時間を超えない限り、労働者が自主的に、1日について8時間を超えて働いても、1週間について40時間を超えて働いても、時間外労働にはなりません。

したがって、割増賃金の対象となる法定時間外労働は、清算期間における法定労働時間の総枠を超えた時間ということになります。

25 事業場外労働の労働時間の取扱いは？

Q 事業場外で働く場合の労働時間の取扱いはどのようになりますか。

A 労働時間の算定難しいときは所定の時間労働したものとみなされる。

事業場外で働く営業員などのように、実際の労働現場においては労働時間を明確に算定し難い働き方の労働者もいます。

このため、労働基準法第38条の2では、このような労働者の労働時間について、「労働者が労働時間の全部又は一部について事業場外で業務に従事した場合で、労働時間を算定しがたいときは、所定労働時間労働したものとみなす」されます。

さらに、「当該業務を遂行するためには所定労働時間を超えて労働する必要がある場合には、その業務の遂行に通常必要とされる時間労働したものとみなす」されます。この場合に、労使協定でみなす時間を定めている場合には、その時間が1日の労働時間となります。

26 裁量労働制とは？

Q 裁量労働制とはどのような制度ですか。また、どのような種類がありますか。

A 使用者が業務の遂行方法や時間配分などを具体的に指示することなく、業務の遂行を労働者の裁量に委ねる場合に、あらかじめ定めた時間働いたとみなす制度で、専門業務型裁量労働制と企画業務型裁量労働制がある。

裁量労働制とは、使用者が業務の遂行方法や時間配分などを具体的に指示することなく、労働者の創造的な能力を発揮できるように、その業務の遂行を労働者の裁量に委ねる場合に、労働時間について労使協定等であらかじめ定めた時間働いたとみなす制度です。

裁量労働制には、次の２種類があります。

① 対象業務が特定されている専門業務型裁量労働制

② 事業運営の企画、立案、調査及び分析の業務を行う労働者が対象の企画業務型裁量労働制

(1) 専門業務型裁量労働制

専門業務型裁量労働制の対象となる業務は、次の業務に限られています。

① 新商品・新技術の研究開発、人文科学・自然科学の研究
② 情報処理システムの分析・設計
③ 記事・放送番組制作のための取材・編集
④ 新たなデザインの考案
⑤ 放送番組・映画等のプロデューサー・ディレクター
⑥ コピーライター
⑦ システムコンサルタント
⑧ インテリアコーディネーター
⑨ ゲーム用ソフトウェアの創作
⑩ 証券・金融アナリスト
⑪ 主として研究に従事する大学教授・助教授・講師
⑫ 公認会計士・弁護士・建築士・不動産鑑定士・弁理士・税理士・中小企業診断士

専門業務型裁量労働制の導入に当たっては、労使協定で次の事項を定め、所轄の労働基準監督署長に届け出る必要があります。

①　対象業務の範囲
②　1日のみなし労働時間数
③　業務の遂行方法、時間配分などについて労働者に具体的な指示をしないこと。
④　労使協定の有効期間（労働協約による場合を除く。）
⑤　労働者の労働時間の状況に応じた健康・福祉措置
⑥　苦情処理に関する措置
⑦　⑤と⑥について労働者ごとに講じた措置の記録を協定の有効期間とその後3年間保存すること

専門業務型裁量労働制を導入した場合には、労使協定によりその業務の遂行に必要とされる時間と法定時間の差が法定時間外労働となり、この時間に対して時間外労働手当を支払う必要があります。

(2)　企画業務型裁量労働制

企画業務型裁量労働制は、事業の運営に関する企画、立案、調査及び分析の業務で、業務の性質上、その業務の遂行を労働者の裁量に委ねる必要がある場合に、導入できる制度です。

導入するためには、次の要件が必要です。

①　法の要件を備えた労使委員会を設置すること

②　労使委員会の委員の5分の4以上の多数による合意で法定の事項を決議すること

③　決議を労働基準監督署長に届け出ること。制度導入後は、対象労働者の健康・福祉確保措置の実施状況について報告すること

④　対象となる労働者の事前の同意を得ること

企画業務型裁量労働制を導入した場合には、労使委員会で決議された時間と法定時間の差が法定時間外労働となり、この時間に対して時間外労働手当を支払う必要があります。

27 休日についての規制内容は？

Q 休日について、労働基準法はどのように定めていますか。

A 毎週１回の休日又は４週間に４日の休日を与えることを定めている。

労働基準法第35条は、休日について、使用者は、労働者に対して、毎週１回の休日を与えるか又は４週間を通じて４日の休日を与えることを義務づけています。

この休日については、休憩時間のように労働者に一斉に与えることは要求されていません。

また、曜日の特定についても、曜日を特定することが望ましいとしつつも、その特定までは法律上要求していません。

さらに、あらかじめ休日と定められた日を労働日とし、その代わり他の労働日を休日とする休日の振替も、あらかじめ就業規則に定めておくなどの要件を満たせば可能です。

なお、休日とは、労働契約において労働義務がないものとされている日をいい、原則として暦日すなわち午前0時から午後12時までの24時間の休みをいいます。ただし、夜間勤務の態様によって、継続24時間制を認めているケースも例外的にはあります。

28 労働時間規制の対象外の者は？

Q 労働基準法の労働時間に関する規制の適用を受けない者はいるのでしょうか。

A 農業、畜産、養蚕、水産業の労働者、管理監督者、監視・断続業務に従事する労働者には労働時間、休憩、休日等に関する規定が適用されない。

次に掲げる労働者については、労働基準法に定める労働時間、休憩、休日等に関する規定が適用されません。なお、深夜業や年次有給休暇については、適用されます。

① 農業、畜産、養蚕、水産業の労働者・農業、畜産、養蚕、水産業の労働者については、その性質上自然的条件に左右されるため、法定労働時間、週休制度等になじまない面があることから、労働基準法に定める労働時間、休憩、休日等に関する規定が適用されません。なお、第1次産業の中でも林業については、労働基準法に定める労働時間、休憩、休

日等に関する規定が適用されます。

② 管理・監督者的な立場にある労働者、機密の事務を取り扱う労働者‥労働条件の決定その他労務管理について経営者と一体的な立場にあり、出退勤に厳格な制限を受けない管理・監督者等については、労働基準法に定める労働時間、休憩、休日等に関する規定が適用されません。

③ 監視業務や断続的業務など労働の密度が非常に薄い業務に従事する労働者‥監視業務や断続的業務など労働の密度が非常に薄い業務に従事する労働者については、常態として身体的又は精神的緊張が少なく、危険有害ではないことから、厳格な制限をしなくても必ずしも労働者保護に欠けないと考えられることから、労働基準監督署長の許可を条件に労働基準法に定める労働時間、休憩、休日等に関する規定が適用されません。

29 時間外・休日労働に必要な手続は？

Q 時間外労働や休日労働を適正に行うためには、どのような手続が必要でしょうか。

A 原則として、三六協定の締結、届出が必要。非常災害の場合には許可等を受けて可能となる。

労働基準法は、法定労働時間や法定休日を定めていますが、これを超える時間外労働や休日労働を一切禁止しているわけではありません。

その1つの方法が労使間で三六（サブロク）協定と呼ばれる協定を締結し、所轄の労働基準監督署長に届け出て、その三六協定に定められた限度時間の範囲内で、労働者に時間外・休日労働をさせ、実際の時間外・休日労働時間に応じて時間外・休日労働手当である割増賃金を支給することです。この三六協定による時間外・休日労働については、Q30で詳述しま

す。

もう1つの方法が非常災害の場合の時間外・休日労働で、災害その他避けることのできない事由によって、臨時の必要がある場合に、労働基準監督署長の許可を受けて、その必要の限度において時間外・休日労働をさせることができます。ただし、事態が急迫しており、労働基準監督署長の許可を事前に受ける暇がない場合には、事後に遅滞なく、届け出なければなりません（労働基準法第33条第1項）。この場合に労働基準監督署長が不適当と認めたときは、その後にその時間に相当する休憩又は休日を与えることを命令することがあります（労働基準法第33条第2項）。

30 三六協定とは？

Q 三六協定とはどのようなものですか。

A 過半数労働組合等と締結する時間外・休日労働に関する協定で、延長時間や休日労働日、延長事由、対象業務・人数等を定める。

三六協定は、使用者が、その事業場の労働者の過半数で組織する労働組合がある場合には、その労働組合、このような労働組合がない場合には、事業場の労働者の過半数を代表する者と締結した労使協定で、締結後に所轄の労働基準監督署長に届け出ることが必要です。

三六協定で定める内容は、次の５項目です。

① 時間外又は休日労働が必要な具体的な事由
② 対象労働者の業務、人数

③　1日についての延長時間並びに1日を超え3か月以内の期間及び1年間についての延長時間
④　休日労働を行う日とその始業・終業時刻
⑤　協定の有効期間

三六協定の締結は、時間外・休日労働を行わせることについて刑事責任を問われないためのものであり、個々の労働者に時間外・休日労働を命じ、民事上もこれに従わせるためには、労働協約、就業規則、労働契約等にその根拠となる規定が必要とされています。

なお、労使間で三六協定を締結すれば、何時間でも残業させられるということではありません。「労働時間の延長の限度等に関する基準」が定められており、この範囲内で行わせることになります。これについては、Q34で詳述します。

また、臨時的な特別の事情が生じたときに、限度時間を超えて時間外労働を行う必要がある場合には「特別条項付き三六協定」を締結し、労働基準監督署長に届け出ることになりますが、これについてはQ35で詳述します。

31 労働者側の当事者は？

Q 三六協定の労働者側の当事者について、教えてください。

A 三六協定の労働者側の締結当事者は、過半数労働組合又は過半数代表者であり、過半数代表者については、①法第41条第2号の管理・監督者でないこと、②三六協定をする者を選出することを明らかにして実施される投票、挙手等の方法による手続により選出された者であること、が必要である。

三六協定の労働者側の締結当事者は、

① その事業場に、労働者の過半数で組織する労働組合がある場合にはその労働組合（過半数労働組合）

② 労働者の過半数で組織する労働組合がない場合には労働者の過半数を代表する者（過半数代表者）

とされています。

労働者の過半数とは、管理・監督者や監視・断続的労働従事者等を含む、その事業場に使用される全ての労働者の過半数であると解されています。

一の事業場に複数の労働組合がある場合で、その1つがその事業場の過半数を占めている場合には、その労働組合とのみ三六協定を締結することになります。

過半数代表者については、次のいずれにも該当する者とされています（労働基準法施行規則第6条の2）。

① 法第41条第2号の管理・監督者でないこと。

② 三六協定を締結する者を選出することを明らかにして実施される投票、挙手等の方法による手続により選出された者であること。

32 三六協定があれば時間外労働を命令できるか？

Q 三六協定が締結されていれば、労働者に時間外労働を命ずることができると理解してよいですか。

A 労働者に時間外労働を命ずることができるためには、三六協定のほかに、労働協約や就業規則、個別の労働契約上の規定が必要である。

使用者が労働者に時間外労働を命ずることができる法的根拠は、労働協約や就業規則、個別の労働契約において「時間外労働をさせることがある」という旨の定めがあることが必要です。したがって、時間外労働を労働者に命ずることができるためには、三六協定のほかに、労働協約や就業規則、個別の労働契約上の規定が必要となります。

労働契約や就業規則等に基づく時間外労働の命令に対して、労働者は拒否できるかについてみてみると、三六協定が締結されていない場合には、その時間外労働は違法になりますか

ら、これに従う義務は労働者にはありません。一方、三六協定の取り決めがされている場合には、当該協定の範囲内の業務命令に従うことは労働者の義務となり、原則としてこれを拒否することはできません。

33 「法定」と「所定」の違いは?

Q 法定時間外労働と所定時間外労働とはどのように違うのですか。法定休日労働と所定休日労働はどうですか。

A 法定時間外労働は労働基準法に定められた法定労働時間を超えた労働時間、所定時間外労働時間とは当該事業場で定めた始業時刻から終業時刻までの時間から休憩時間を除いた時間。法定休日は労働基準法で定めた週1日(又は4週間4休日)の休日、所定休日とは当該事業場で定めた休日である。

一般に残業と呼ばれるものについては、法定時間外労働と所定時間外労働があります。法定時間外労働とは、労働基準法に定められた原則週40時間、1日8時間の労働時間を超える労働をいいます。これに対し、所定時間外労働とは、例えば、ある事業場の始業時刻が午前9時、終業時刻が午後5時で、休憩時間が午後0時から午後1時までの場合、午後5時から午後6時までの労働は、1日8時間の範囲内であるため、法定時間内労働に当たりますが、所定労働時間を超える時間として所定時間外労働に該当します。このような時間の労働については、労働基準法の割増賃金を支払う同法上の義務はなく、「原則として通常の労働時間の賃金を支払わなければならない。ただし、労働協約、就業規則等によって、その1時間に対して別に定められた賃金額がある場合にはその別に定められた賃金額で差し支えない」（S23・11・4　基発第1592号）とされています。なお、実態的には割増賃金を支払う事業場が多いようです。

法定休日労働と所定休日労働の関係も同様で、労働基準法で定める法定休日は週1日（又は4週間4休日）であり、この法定休日に労働させる場合には労働基準法上、休日労働についての割増賃金を支払わなければなりませんが、週休2日制の場合にそのうちの1休日に労働させても法定休日労働には該当せず、所定休日労働に該当し、この場合には労働基準法による休日労働に係る割増賃金を支払う義務はなく、「原則として通常の労働日の賃金を支払わなければならない。ただし、労働協約、就業規則等によって、その1日に対して別に定められた賃金額がある場合にはその別に定められた賃金額で差し支えない」ということになります。

34 時間外労働の限度時間数の制限は？

Q 三六協定で定める時間外労働の時間数には制限がありますか。

A 労働時間の延長の限度等に関する基準があり、三六協定で定める時間外労働の限度時間の基準を定めている。

三六協定については、「労働時間の延長の限度等に関する基準」が定められています。
この基準においては、三六協定で定める時間外労働の限度時間の基準を一般の労働者と1年単位の変形労働時間制の対象労働者に分けて、表1、2のように定めています。
この基準では、このほか次の事項が定められていま

表1　一般の労働者の場合

期間	限度時間
1週間	15時間
2週間	27時間
4週間	43時間
1か月間	45時間
2か月間	81時間
3か月間	120時間
1年間	360時間

表2　対象期間が3か月を超える1年単位の変形労働時間制の対象労働者の場合

期間	限度時間
1週間	14時間
2週間	25時間
4週間	40時間
1か月間	42時間
2か月間	75時間
3か月間	110時間
1年間	320時間

す。

① 労働時間を延長する必要のある業務の種類について定めるに当たっては、業務の区分を細分化すること。

② 三六協定において1日を超える一定期間についての延長時間を定めるに当たっては、一定期間は1日を超え3か月以内の期間及び1年間としなければならないこと。

③ 建設業、自動車運転業務、新技術等の研究開発業務等については、三六協定で定める時間外労働の限度時間の基準は適用されないこと。

なお、「特別条項付き三六協定」についてはQ35で詳述します。

35 特別条項付き三六協定とは？

Q 特別条項付き三六協定とはどのようなものですか。

A 三六協定の延長時間を超える特別の事情が予想される場合に協定の別紙として添付される労使協定で、臨時的な特別の事情があり、必要最小限度の場合に限って、認められる。

三六協定に定めた延長時間を超えて時間外労働を行う「特別の事情」が予想される場合には、次の事項を労使間で協定して、労働基準監督署長に届け出る必要があります。
① 一定の「特別延長時間」及び適用限度「回数」
② 特別延長時間まで延長を必要とする「特別の事情」（できるだけ具体的に）
③ 特別条項を適用する場合に労使がとる手続（通告や協議など）
この協定を「特別条項付き三六協定」といいます。

特別条項あれば何時間でも残業可能だ！
ポン！
特別の事情がないと認められませんよ！

特別条項は、必要最小限であることが求められており、特別の事情は臨時的なものに限ることとされています。

具体的な運用については、特別の事情は1年の半分を超えないことが求められており、特別条項を適用できるのは、1年のうち6か月までとされています。

なお、この協定の届出は、三六協定の別紙として添付することになります。

36 延長時間の制限がある労働者は？

Q 時間外労働を行うことについて、その時間数等が制限されている労働者はいるのでしょうか。

A 18歳未満の年少者、育児・介護を行う労働者には時間外労働を行うことについて制限がある。

使用者は、三六協定を締結した場合には、原則として、その従業員にその協定に定める範囲内で時間外労働をさせることができますが、次の労働者については、時間外労働に関し法的な規制があります。

① 18歳未満の年少者：18歳未満の年少者については、三六協定を締結した場合でも、原則として時間外労働を行わせることはできません（労働基準法第60条第1項）。ただし、災害その他避けることのできない事由によって臨時の必要がある場合には、労働基準監督署

長の許可を受け、必要な限度内で時間外労働をさせることができます。

② 育児・介護を行う労働者‥未就学の子の育児又は家族の介護を行う労働者が、育児又は介護のために請求した場合には、事業の正常な運営を妨げる場合を除き、1か月間で24時間、1年間で150時間を超える時間外労働をさせることはできません。また、これらの者から請求があった場合には、深夜（午後10時から午前5時）に労働させることができません。

37 残業した場合の手当の支払いは？

Q 残業をした労働者には、どのような手当を支払う必要がありますか。

A 法定労働時間や法定休日、深夜に労働させた場合、割増賃金を支払うことが必要である。

一般に使用者が労働者に法定労働時間や法定休日、深夜に労働させた場合、残業代等として通常の賃金に割増しした賃金を支払わなければなりません。時間外・休日労働をサービス残業とさせないためには、時間外・休日労働について、法律に基づいた割増賃金がきちんと支払われることが必要です。

法定時間外労働等の割増賃金の割増率は、次の表のとおりです。

このように時間外労働に対して割増賃金が設けられている目的は、次のように解されてい

表　割増賃金の割増率

時間外労働	25%以上
深夜労働	25%以上
休日労働	35%以上
時間外労働＋深夜労働	50%以上
休日労働＋深夜労働	60%以上

ます。

①　時間外労働、休日労働、深夜労働という通常就労することのない時間の労働については、通常の賃金に割り増しした賃金の支払いを事業主に強制することで、事業主の長時間操業に対する意欲を抑え、法定労働時間制、週休制の維持を図ること。

②　通常の決められた労働時間を超えて労働させたり、休日や深夜に労働させたりする労働者に対し、割り増しした賃金を支払うことで、その過重な負担となる労働に対する補償をすること。

38 算定基礎賃金とその計算方法は？

Q 割増賃金の算定の基礎となる賃金やその具体的な計算方法について、教えてください。

A 割増賃金の算定の基礎には、①家族手当、②通勤手当、③別居手当、④子女教育手当、⑤住宅手当、⑥臨時に支払われた賃金、⑦1か月を超える期間ごとに支払われる賃金は参入されない。通常の労働時間の1時間当たりの賃金の金額の算出方法は、時間、日、週、月、出来高払いなどによって定められている。

この割増賃金の算定の基礎には、次の賃金が算入されません（労働基準法第37条第４項、同法施行規則第21条）。これらの賃金は、単なる例示ではなく、限定的に列挙されたものであること、また、名称ではなく、実質によって取り扱われることに注意する必要があります。

① 家族手当
② 通勤手当
③ 別居手当
④ 子女教育手当
⑤ 住宅手当
⑥ 臨時に支払われた賃金
⑦ 1か月を超える期間ごとに支払われる賃金

また、通常の労働時間の1時間当たりの賃金の金額の算出方法は、次のとおりです。

① 時間によって定められた賃金については、その金額
② 日によって定められた賃金については、その金額を1日の所定労働時間数（日によって所定労働時間数が異なる場合には、1週間における1日平均所定労働時間数）で割った金額
③ 週によって定められた賃金については、その金額を週における所定労働時間数（週によって所定労働時間数が異なる場合には、4週間における1週平均所定労働時間数）で

割った金額

④　月によって定められた賃金については、その金額を月における所定労働時間数（月によって所定労働時間数が異なる場合には、1年間における1か月平均所定労働時間数）で割った金額

⑤　月、週以外の一定期間によって定められた賃金については、①～④に準じて算定した額

⑥　出来高払制その他の請負制によって定められた賃金については、その賃金算定期間（賃金締切日がある場合には賃金締切期間）において出来高制によって計算された賃金の総額を賃金算定期間における総労働時間数で割った金額

⑦　労働者の賃金が①～⑥の賃金の2つ以上からなる場合には、その部分についてそれぞれ前述した方法で算定した金額の合計額

割増賃金額の計算式は、次のようになります。

割増賃金額＝1時間当たりの賃金額｛時間外労働の労働時間数（1＋時間外労働についての割増率（0・25））＋休日労働の労働時間数（1＋休日労働についての割増率（0・35））＋深夜労働の労働時間数×深夜労働についての割増率（0・25）｝

出来高払制その他の請負制によって定められた賃金の場合には、次のようになります。

割増賃金額＝1時間当たりの賃金額（時間外労働の労働時間数×時間外労働についての割増率（0・25）＋休日労働の労働時間数×休日労働についての割増率（0・35）＋深夜労働の労働時間数×深夜労働についての割増率（0・25）

具体的な計算例を例示します。

基本給（月額）　30万円
通勤手当（月額）　1万4000円
家族手当（月額）　1万2000円
深夜業でない時間外労働　8時間
深夜業となる時間外労働　3時間

30万円／(20日×8時間)×1・25×8時間＝1万8750円……深夜業でない時間外労働についての割増賃金
30万円／(20日×8時間)×1・5×3時間＝8438円……深夜業となる時間外労働についての割増賃金

第3部　サービス残業の完全解消と徹底予防に向けた取組み

39 事業主が認識すべきことは？

Q

当社では、サービス残業を職員と合意の上で行っていますが、それでも問題があるのでしょうか。もし問題があるのなら、解消しなければならないと思いますが、事業主としてまず認識しなければならないことは何ですか。

A

サービス残業は労働基準法に違反するものであり、事業主としては直ちに解消しなければならないことを十分認識しておくことが必要である。

サービス残業は、残業をしてもその労働に対して賃金が支払われない、ただ働きの残業のことであり、時間外労働、休日労働に対して賃金を支払っていませんので、当然のことながら、労働基準法に違反します。

労働基準法は強行規定ですから、仮に労働者と話し合ってサービス残業をすることで合意したとしても、違法であることに全く変わりはありません。

貴社では、労働者と合意の上でサービス残業をさせているとのことですが、労働者との合意により適法になるというものではありません。まずそのことを事業主として十分認識することが最も重要です。

現在、労働基準行政では、サービス残業の解消を最重要の課題の１つとして取り組んでいますが、仮に労働基準監督官が貴社に臨検監督（立ち入り調査）に入った場合に、貴社が労働者と合意の上でサービス残業をさせていると主張しても、一切認めてもらえません。少なくとも、不払いの賃金の支払いを求められるとともに、是正勧告が行われると思われます。さらに、悪質な事案と判断された場合には、司法処分（検察庁への送検）ということもあり得ます。

サービス残業とは、このような問題があることを十分認識して、速やかにその解消に向けた取組みをされることをお勧めします。

40 根本的な解決策は？

Q サービス残業の解消を進めたいと考えていますが、そのための根本的な方法は何ですか。

A サービス残業を解消するためには、時間外・休日労働をなくすか、又は時間外・休日労働についての割増賃金を適正に支払うことが必要である。

サービス残業をなくすためには、基本的には次の2つの方法しかありません。

① 時間外・休日労働をなくす。

② 時間外・休日労働等についての割増賃金を適正に支払う。

時間外・休日労働がなければ、サービス残業が生じる余地は一切ありません。これまでの業務のあり方を見直し、業務の効率化、省力化を図ることによって、残業が発生しないようにすることです。そのためには、業務の棚卸しを行い、「本当に必要な仕事」と「不必要な仕事」を判別して、絶対的な仕事量を減らす必要があります。継続的に行ってきた仕事であっても、現状では不必要な仕事はあり得ます。

２つ目は、時間外・休日労働があった場合には、時間外・休日労働手当を適正に支払うことです。労働者は実際に行った時間外労働についてきちんと報告・請求を行い、事業主は実際に働いた分をきちんと支払うことによって、メリハリのある職場とすることが重要です。

残業による長時間労働の場合、作業能率は低下します。さらに時間外労働手当の支払われないサービス残業である場合には、労働者の士気も低下します。サービス残業の増加は、労働者の健康問題にも影響しますし、適正な労働条件の確保の観点から行政に対する対応等も必要となり、結果として、会社に大きな負担を生じさせることもあり得ます。

時間外・休日労働をさせた場合には、それに対応する時間外・休日労働手当を適正に支払うというシステムをきちんと構築しておく必要があります。

41 行政の取組み内容は？

Q サービス残業の解消のために行政が厳しく取締りをしていると聞いていますが、具体的にはどのような取組みをしていますか。

A サービス残業の解消と労働時間管理の適正化に向けて、厚生労働本省も第一線の労働基準監督署も強い意気込みで臨んでいるので、企業においてもこれを踏まえて対応することが必要である。

厚生労働省では、サービス残業が社会的に問題となる中で、平成13年4月には「労働時間の適正な把握のために使用者が講ずべき措置に関する基準」を出して、サービス残業の解消を呼びかけました。しかしながら、その後もサービス残業が横行していましたので、さらに2年後の平成15年5月には「賃金不払残業総合対策要綱」を定め、労働時間の適正な把握だけではなく、職場風土の改革、労働時間管理システムの整備、責任体制の明確化、チェック

体制の整備等に対する労使の主体的な取組みを求める等、サービス残業の解消と労働時間管理の適正化のための総合的な対策を講じています。このように約2年間のうちに立て続けに重要な方針を明確にすることは決して通例の対策ではなく、同省のこの問題に対する強い意気込みが表れています。

また、第一線の行政機関である労働基準監督署においても、サービス残業に重点を置いた監督指導を展開しており、特に悪質な事業者に対しては司法処分（検察庁への送検）も辞さないという姿勢で臨んでいます。

このように、行政機関では、サービス残業の解消は行政上の重要課題として取り組んでいることを十分認識して、企業も対応する必要があると考えられます。

42 多額の支払いを命じられることもあるのか？

Q 行政の取締りの結果、サービス残業に当たるとして、多額の支払いをさせられるケースがあると聞きますが、本当でしょうか。

A 退職者を含め約5千人の社員に対し、約35億円の残業手当の支払いをした金融機関もある。

ある金融機関のケースです。
同社の元社員が「ほとんどの男性社員は月110時間ほどの残業をしているにもかかわらず、時間外手当は最大月25時間までしか支払われずにいた」として、未払いの賃金の支払いを、当該金融機関を相手取って訴えました。地裁で和解が成立し、金融機関側が過去2年間分の未払いの残業代を支払い、謝罪することになりました。
当該金融機関については、全国の労働局に内部告発等が寄せられ、各労働局が指導を繰り

返していましたが、改善はされませんでした。ところが、労働基準監督署において、会社と人事担当の役員を検察庁に送検することを決定したところ、同社では、サービス残業についての未払い賃金の支払いに応じ、最終的には在職の社員約3千人に対し約27億円、退職者約2千人に対し約8億円の計約35億円を支払いました。

このように多額の未払い賃金の支払いを求められることは、サービス残業の対象労働者が多いケースでは当然に起こり得ます。

43 逮捕や送検されるケースもあるのか？

Q 労働基準監督署では、サービス残業をした企業の経営者や役員、管理職を逮捕したり、検察庁に送検したりするケースがあると聞きますが、本当でしょうか。

A 労働基準法違反の容疑で書類送検された事例が年間84件ある。また、社会福祉施設の理事長がサービス残業で逮捕されている。

厚生労働省では、サービス残業については、最重点課題の1つとしており、的確な監督指導を実施し、特に法違反が認められかつ重大悪質な事案については、司法処分を含め厳正に対処する方針です。

平成15年には労働基準法違反の容疑で書類送検された件数が84件あり、今後においても悪質なサービス残業の事案については、司法処分が行われることがあり得るということを企業

としても念頭に置いておく必要があります。

さらに、特別養護老人ホームを運営する社会福祉施設では、職員の時間外労働に対して割増賃金を支払わず、その金額が月２５０万円程度で、累計では約1億円に達していること、家宅捜索により、タイムレコーダーやパソコンを押収し、分析していたところ、退勤時刻を改ざんするなどの不正を図っていたことから、所轄の労働基準監督署はこの社会福祉施設の理事長を逮捕しました。

サービス残業で逮捕というのは極めてまれなケースですが、サービス残業は労働基準法に違反する犯罪であり、その違反に対しては逮捕という事態も十分にあり得ます。

44 取組みに当たり重要なことは?

Q 当社でもサービス残業の解消に向けて取り組んでいこうと考えていますが、企業として取り組むべき重要なことは何ですか。

A サービス残業はやむを得ないとの職場風土がある場合には職場風土の改革が最も重要であり、適正な労働時間管理の徹底など様々な事項に取り組まなければならない。

職場の中にサービス残業はやむを得ないとの職場風土がある場合には、この職場風土を改革することが最も重要です。

サービス残業については、ともすると、他の会社もやっているとか、必要悪だとか、仕方のないことだと考えがちです。また、サービス残業は労務費コストの節約にもつながると考えがちです。しかしながら、サービス残業、すなわち時間外・休日労働に対する割増賃金の不払いは賃金不払いの1種類であり、明らかに労働基準法に違反する行為です。また、サービス残業はタダ働きとなりますから、労働者の士気も低下し、そのことが作業効率の低下、さらには不注意による事故や仕事上のトラブルなどにつながりかねません。

サービス残業は、労働時間管理がおろそかになり、過重な長時間労働につながるおそれもあり、そのことが過労死、過労自殺につながって、事業主が厳しい責任を問われる可能性がないとはいえません。

このサービス残業を解消するためには、まず事業主が労働の量である労働時間を正確に把握し、その分の賃金は全額必ず支払うという意識を強く持たなければなりません。その上で、労働時間を適正に管理し不必要な時間外労働を行わせない、時間外労働を行わせた以上割増賃金を適正に支払う、という原則を企業内で徹底する必要があります。

労働時間を正確に把握するためには、可能な限り、タイムカードやＩＣカードなどの客観的な記録により、労働時間を把握することが重要です。また、労働者が正確に始業・終業時刻を記録するように指導・説明する必要があります。当然のことながら、労働者が正確に始業・終業時刻を記録したことを理由として、不利益な取扱いをしてはいけません。例えば、残業時間が多いことのみを理由として、労働者のボーナスの査定を下げたり、勤務評定を下げたりすれば、労働時間の正確な申告を妨げることになります。

残業がなくならない理由の1つとして、人員配置が適正でないために仕事が終わらないという場合があります。このような場合には、各人の仕事の配分や業務体制について見直し、適正な人員配置を行う必要があります。その際、労働時間を適正に把握し、割増賃金を含めた総額人件費を計算し、現状の人員による総額人件費と新規雇用した場合の総額人件費あるいはアウトソーシングのコストを比較して、適正な人員配置を行うことが重要になります。

また、就業規則や三六協定などが適正に作成・締結されているか、労働基準監督署長に届け出ているのかをチェックする等の対策を推進することも求められます。

45 労働組合が取り組むべき事項とは？

Q サービス残業を解消するためには、労働組合も巻き込んでいく必要があると考えていますが、労働組合が取り組むべき事項は何ですか。

A 労働組合は、三六協定が適正に実施されるようその履行状況をチェック、監視するなど、使用者と協力しつつ、多くの役割を果たす必要がある。

三六協定は、使用者が、事業場内に労働者の過半数で組織する労働組合がある場合には、その労働組合と締結します。したがって、過半数で組織する労働組合は、三六協定の一方の当事者として、自ら締結した協定が適正に実施されるようにその履行状況をチェックし、監視する役割を負っています。

事業場の労働者の過半数で組織する労働組合でない場合には、労働組合は三六協定の当事者とはならないわけですが、この場合の労働者側の協定の当事者である過半数労働者の代表者の選任に労働組合が重要な役割を果たすことが通例であることからすれば、この場合にも労働組合は三六協定が適正に実施されるようにその履行状況をチェックし、監視する役割を負うべきものと考えられます。

三六協定の履行状況のチェック、監視には、当該協定で定めた以上の時間外労働や休日労働をさせないことはもとよりのこと、時間外労働や休日労働が行われた場合の時間外・休日労働手当の支払いについても対象とすべきです。

また、労働組合は、サービス残業をめぐる様々な問題について、労働者から苦情や相談を受け付けたり、サービス残業が発生した場合に使用者と連携してこれに対応したり、労使協議機関を通じてサービス残業問題をめぐる実態把握やサービス残業の解消に向けての改善策の検討や実施に参加したり、労使共同で社内巡視を行ったりする等その果たすべき役割は極めて大きいものと考えられます。

46　労働時間把握の留意点は？

Q　サービス残業を解消するためには、労働時間の適正な把握が重要だといわれていますが、どのようなことに気をつけたらよいですか。

A　適正な労働時間を管理するためのシステムの整備が重要であり、労働時間の確認の方法としては、使用者自らが現認する方法やタイムカード、ＩＣカードなどの客観的な記録による方法が原則である。

労働時間適正把握基準で示されているとおり、使用者には労働時間を適正に把握し、これを記録する責務があります。この場合に重要なことは、適正な労働時間を管理するためのシステムを整備することです。

労働時間の確認の方法としては、使用者自らが現認する方法やタイムカード、ＩＣカードなどの客観的な記録による方法が原則であり、自己申告制はやむを得ない場合の例外的なケースと位置づけられています。
以下、これらの方法ごとの留意点に触れておきます。

⑴　使用者自らが現認する方法

使用者自らが現認する方法は、労働者各人の始業・終業時刻のすべてを現認しなければならず、使用者の負担の大きい方法です。実際に行われている方法は、部署ごと、係ごとにそれぞれの管理者が部下の始業・終業時刻を現認するという方法です。この方法は、労働者の労働時間を直属の上司が把握しているため、長時間労働に対する抑制や健康状態などの把握につながる利点はありますが、管理者が実際の労働時間よりも短く記録するなど不正に記録している場合には記録自体の意味がなくなります。

正確な記録を行うため使用者が直接現認する場合には、労働者が定期的にその記録を確認する必要があります。また、使用者が何らかの理由で現認できないケースも考えられるので、この場合の記録方法についてあらかじめ定めておく必要があります。

⑵　タイムカードなどを利用する方法

タイムカードなどを利用して、労働時間の記録を行う場合、タイムカードに打刻された時刻は、基本的には始業・終業時刻になることから、タイムレコーダーをできる限り労働者の職場に近い場所に備え付ける必要があります。なお、タイムカードに打刻された時刻を始業・終業時刻としない場合には、その取扱いを労使間で十分に協議しておく必要があります。

また、タイムカードは必ず労働者本人が打刻すること、実際の始業時刻（出社時）及び終業時刻（退社時）にタイムカードを打刻すること、などが必要です。

さらに、タイムカードの記録に加えて残業命令書やこれに対する報告書、業務日報などがある場合には、タイムカードなどによる記録と突合して確認し、記録する必要があります。両者が一致しない場合には、労働者本人に事情を聞くなどして、確認する必要があります。

(3)　自己申告制をとる場合

自己申告制は、やむを得ない場合に限られることを前提とする必要があります。その上で、自己申告制の場合には正確な労働時間の申告でなければなりません。特に、労働時間が正確に申告できない、あるいは申告しにくい雰囲気のある職場で、自己申告が行われている場合には、サービス残業が発生しやすいことに注意する必要があります（詳細についてはQ47参照）。

47

自己申告制の注意点は?

Q

当社では自己申告制をとっていますが、自己申告制の場合には、どのようなことに注意する必要がありますか。

A

自己申告制の場合には正確な労働時間の申告でなければならず、そのためには、労働時間の正確な申告につき査定などで不利益な取扱いをしないという姿勢を管理職や労働者に明確にしておくこと、残業時間削減のための社内通達、部署ごとの残業手当の予算枠等が労働者の自己申告を阻害する要因となっていないかについてチェックすること、自己申告制の具体的内容について管理職や労働者に事前に説明すること、労働時間が適正に記録されているかについて実態調査を行うこと、労働時間の管理の責任者を明確にすること等が必要である。

自己申告制の場合には正確な労働時間の申告でなければなりません。そのためには、労働時間の正確な申告につき査定などで不利益な取扱いをしないという姿勢を明確にし、そのことを管理職にも徹底しておき、労働者に対しても十分説明しておく必要があります。

また、残業時間削減のための社内通達が出ていたり、残業手当の定額払い、部署ごとに残業手当の予算が決められていたりする場合には、これらが労働者の自己申告を阻害する要因となっていないかについてチェックする必要があります。これらの制度が事実上一定の時間以上は自己申告してはいけないと労働者に受け取られる場合には、正確な自己申告は行われないことになります。このような場合には、残業時間の上限規制ではないことを明らかにし、正確な事実を申告するよう指導するなどの改善措置が必要です。

自己申告制については、労働者はどのような形で申告すればよいのか、管理職はどのようにチェックするのか、自己申告制の具体的内容などについて、管理職や労働者に事前に説明する必要があります。また、労働時間が適正に記録されているかについて、実態調査を行うことも必要です。

このほか、自己申告制の場合には、労働時間の管理の責任者を明確にすることも必要であり、管理職が適正に労働時間を把握していない場合の処分方法についても検討しておく必要があります。

48 管理職が確認する場合の問題点は？

Q

当社では、労働者が始業・終業時刻を記録したものを、月末に1月分管理職に提出し、管理職が確認する方法をとっていますが、何か問題がありますか。

A

労働者が毎日、始業・終業時刻を記録し、退社時に上司が確認印を押す方法に改めるべきである。少なくとも1週間に1回以上は上司が確認する方法に改めることが必要である。

始業・終業時刻を記録したものを、月末に1月分管理職に提出し、管理職が確認する方法については、1月分をまとめて管理するということで、労働時間の管理が曖昧となり、適正な労働時間の管理が本当に可能かという問題があります。

労働時間の管理は日々の始業・終業時刻の管理ですから、日々これを行うことが原則で

す。

　したがって、労働者が毎日、始業・終業時刻を記録し、退社時に上司が確認印を押すことが原則であり、そのような方法に改めるべきです。もし、これにより難い場合には、少なくとも1週間に1回以上は上司が確認する方法に改めることが必要です。

49 実態調査の方法は？

Q 労働時間が適正に記録されているかについての実態調査は、どのように行えばよいですか。

A 実態調査は、自己申告により始業・終業時刻を把握している労働者について一定期間自己申告以外の方法を併用して始業・終業時刻を把握し照合するもので、日頃から定期的に行う方法と労働者や労働組合などから労働時間の把握が適正に行われていないという指摘があった場合に、直ちに行う方法があり、労働組合や労働者代表の協力を得て調査を行うことが望ましい。

労働時間が適正に記録されているかについての実態調査には、

① 日頃から定期的に行う方法

② 労働者や労働組合などから労働時間の把握が適正に行われていないという指摘があった

場合に、直ちに行う方法があります。

実態調査は、労働者や管理者にアンケート調査を行うのではなく、自己申告により始業・終業時刻を把握している労働者について、一定期間、自己申告以外の方法を併用して始業・終業時刻を把握し、自己申告に基づく始業・終業時刻と照合するものです。

実態調査を行う場合には、労働組合や労働者代表の協力を得て調査を行うことが望ましいと考えられています。

50 解消、予防の取組みに必要なことは?

Q サービス残業を根本的に解消し、徹底して予防するためには、どのような取組みが必要ですか。

A 業務のあり方を見直し、業務の効率化、省力化を図ることによって、残業が発生しないようにすること、残業をさせた場合には、割増賃金を適正に支払うというシステムをきちんと構築しておくことが必要である。

サービス残業をなくすための根本的な解決策は、次の2つの方法しかありません。

① 時間外・休日労働をなくす。
② 時間外・休日労働等に係る割増賃金を適正に支払う。

時間外・休日労働がなければ、サービス残業が生じる余地はありません。これまでの業務のあり方を見直し、業務の効率化、省力化を図ることによって、残業が発生しないようにします。そのためには、業務の棚卸しを行い、「本当に必要な仕事」と「不必要な仕事」を判別して、絶対的な仕事量を減らす必要があります。また、人員配置や業務推進体制を見直すことも重要です。

２つ目は、時間外・休日労働があった場合には、時間外・休日労働手当を適正に支払うことです。労働者は実際に行った時間外・休日労働についてきちんと請求し、使用者は実際の時間外・休日労働に対応した手当をきちんと支払うことが重要です。

時間外・休日による長時間労働の場合、作業能率は低下します。サービス残業の場合には、さらに労働者の士気は低下します。サービス残業は、労働者の健康問題や適正な労働条件の確保に関する行政との対応等も必要となり、結果として、会社に大きな負担を生じさせることもあり得ます。

時間外・休日労働をさせた場合には、これに対応した時間外・休日労働手当を適正に支払うというシステムをきちんと構築しておく必要があります。

51

必要な意識改革とは？

Q 当社でもサービス残業の解消に向けて取り組んでいこうと考えていますが、企業としてはどのような点で意識改革が必要ですか。

A 企業として、労働の量である労働時間を正確に把握し、その分の賃金は全額必ず支払うという意識を強く持つこと、労働時間を適正に管理し不必要な残業を行わせない、残業を行わせた以上時間外・休日労働手当を適正に支払うという原則を徹底することが重要である。

サービス残業の解消を図るためには、事業主が労働の量である労働時間を正確に把握し、その分の賃金は全額必ず支払うという意識を強く持たなければなりません。その上で、労働時間を適正に管理し不必要な時間外・休日労働を行わせない、時間外・休日労働を行わせた以上時間外・休日労働手当を適正に支払う、という原則を徹底する必要があります。

労働時間を正確に把握するためには、可能な限り、タイムカードやＩＣカードなどの客観的な記録により、労働時間を把握することが重要です。労働者の自己申告による方法はやむを得ない場合に限られ、この場合には、労働者が正確に始業・終業時刻を記録するように指導・説明する必要があります。また、当然のことながら、労働者が正確に始業・終業時刻を記録したことを理由として、不利益な取扱いをしてはいけません。

各人の仕事の配分や業務体制などの人員配置に問題がないか、再検討することも必要です。

就業規則や三六協定などが適正に作成・締結されているか、労働基準監督署長に届け出ているのか等についてもチェックする等、サービス残業を解消するための対策を推進することも必要となります。

52 労働組合の意識改革の内容は？

Q サービス残業の解消に向けての労働組合の役割は重要とのことですが、労働組合はどのような点で意識改革が必要ですか。

A 労働組合は、三六協定の履行状況のチェック、監視等サービス残業の解消に向けて果たすべき役割は極めて大きく、その主体的な役割を果たすよう意識改革を行うことが必要となる。

三六協定は、使用者が、事業場内に労働者の過半数で組織する労働組合がある場合には、その労働組合と締結します。また、事業場の労働者の過半数で組織する労働組合でない場合にも、三六協定の締結当事者である過半数労働者の代表者の選任に労働組合が重要な役割を果たすことが通例です。

したがって、労働組合は、いずれの場合にも締結した三六協定が適正に実施されるようにその履行状況をチェックし、監視する役割を負っています。

三六協定の履行状況のチェック、監視には、時間外労働や休日労働が行われた場合の時間外・休日労働手当の支払い、すなわちサービス残業をさせないということも含まれます。

このような三六協定の履行状況のチェック、監視やサービス残業をさせないことについては、労働基準法が使用者に責任を負わせていることから使用者の責任と考えがちですが、労働組合も三六協定の締結当事者等として責任を果たすことが重要であり、この点の認識が不足しているとすれば、その意識を改革していく必要があります。

同様に、労働組合は使用者とともに、サービス残業をめぐる様々な問題について実情を知る立場にあるのですから、例えば、労働者からの苦情や相談の受付、サービス残業が発生した場合の使用者との連携による対応、労使協議機関を通じてのサービス残業問題をめぐる実態把握、サービス残業の解消に向けての改善策の検討、実施、労使共同による社内巡視等サービス残業の解消に向けた主体的な役割を果たすよう、労働組合としての意識改革を進めていく必要があります。

53 管理職の意識改革の方向は?

Q サービス残業の解消に向けて、管理職はどのような点で意識改革を進めることが必要ですか。

A サービス残業を根絶する強い意識を持ち、労働基準法等の内容を十分理解し、不適正な労働時間管理を行った場合、会社が法違反になることを十分認識すること、労働時間の適正な申告やその際の留意点などを部下に対してきちんと指示し、説明できるようにすること、業務を効率的に行うことの必要性について、十分に認識しておくこと、率先して業務終了後は速やかに退勤するなど他の従業員に模範を示すことが重要となる。

サービス残業をなくすためには、実際に現場で労働時間を管理する職務に携わる管理職が重要な役割を担います。このため、管理職が意識改革を進め、サービス残業を根絶するという強い意識を持つことが重要です。

このためには、第１に管理職１人ひとりが労働時間の適正管理の重要性を認識する必要があり、その前提として、管理職が、労働基準法をはじめ労働時間に関する各種法令の内容を十分理解し、不適正な労働時間管理を行った場合、会社が法違反になることを十分認識しておくことが重要です。

その上で、管理職が労働時間の適正な申告やその際の留意点などを部下に対してきちんと指示し、説明できるようにする必要があります。

また、当然のことながら、会社がビジネスとして事業展開している以上、現場の管理職は、業務を効率的に行うことの必要性について、十分に認識しておく必要があります。

さらに、残業を減らすには仕事が終わり次第速やかに退社することが極めて重要であり、管理職は率先して、業務終了後は速やかに退勤するなど他の従業員に模範を示すべきです。

54 個々の労働者の意識改革の進め方は？

Q サービス残業の解消に向けて、個々の労働者はどのような点で意識改革を進めることが必要ですか。

A 個々の労働者は、仕事に専念し効率的に働くことを徹底するという意識を強く持つこと、所定労働時間内に業務が終了するように最善を尽くすこと、仕事が終わり次第速やかに退社する姿勢を持つこと、出勤時刻・退勤時刻について、正確に申告を行うことが必要である。

個々の労働者については、仕事に専念し効率的に働くことを徹底する、という意識を強く持つことが必要です。そして、所定労働時間内に業務が終了するように最善を尽くすことが必要です。また、就業時間中に仕事に専念することは当然ですが、時間外労働を減らすには仕事が終わり次第速やかに退社する姿勢を持つことが極めて重要です。社員が不必要にいつ

までも社内に残っていると、社内全体に帰りづらい雰囲気が生まれます。業務終了後は速やかに退勤する習慣をすべての社員が身につける必要があります。

このように効率的な仕事を心がける一方、労働者は、労働に対して対価が支払われることは当然であり、労働時間を会社に対して適正に申告しなければならないという意識を持ち、かつそれを実行すべきで、自己申告制による場合も、タイムカードの打刻による場合にも出勤時刻・退勤時刻について、正確に申告を行うことが必要です。また、労働時間を少なめに申告する方が自己の評価が高まるといった誤解があることも事実で、これを払拭することが重要です。

55 人員配置の適正化を行う際の留意点は？

Q 残業をなくすために人員配置の適正化を行う場合、どのようなことに留意する必要がありますか。

A 仕事の配分や業務体制の見直し、適正な人員配置を行うに当たっては、労働時間を適正に把握し、割増賃金を含めた総額人件費を計算し、現状の人員による総額人件費と新規雇用した場合の総額人件費あるいはアウトソーシングのコストを計算して比較し、適正な人員配置を行うことなどが必要である。

残業が減らない理由として、職場の人員配置が適正でないために仕事が終わらないという場合があります。このような場合には、各人の仕事の配分や業務体制について見直しを行い、適正な人員配置を行う必要があります。

仕事の配分や業務体制の見直し、適正な人員配置を行うに当たっては、労働時間を適正に

把握し、割増賃金を含めた総額人件費を計算し、現状の人員による総額人件費と新規雇用した場合の総額人件費あるいはアウトソーシングの場合のコストを計算して比較し、適正な人員配置を行うことが重要になります。

56 不利益な取扱いとは?

Q 労働者が正確に始業・終業時刻を記録したことを理由とする不利益な取扱いとは、どのような場合をいいますか。

A 残業時間が多いことのみを理由として、労働者のボーナスの査定を下げたり、勤務評定を下げたりすることなどが不利益な取扱いとなる。

労働者が正確に始業・終業時刻を記録したことを理由として、不利益に取り扱う場合とは、例えば、残業時間が多いことのみを理由として、労働者のボーナスの査定を下げたり、勤務評定を下げたりすることをいいます。

このような取扱いをすれば、労働者は労働時間の正確な申告をしなくなり、労働時間を適正に把握することを妨げることになります。

57 チェック体制整備の留意点は？

Q 労働時間管理に関する責任体制やチェック体制を整備したいと考えていますが、どのようなことに留意する必要がありますか。

A 各事業場ごとに労働時間管理の責任者を決めておくこと、企業全体で、総括的に適正な労働時間管理を行う責任者を決めておくこと等が必要である。異なる部署に労働時間管理の責任者を複数配置して、お互いの部署の労働時間をチェックし合う体制を整備することも効果的である。

遠隔地などに多数の事業場を持つ企業の場合で、管理部門は本社にしかないことがあります。このような状態では、本社のみで適正な労働時間管理を行うことは困難です。各事業場ごとに労働時間管理の責任者を決めておくことが必要です。

また、異なる部署に労働時間管理の責任者を複数配置して、お互いの部署の労働時間を

各支店に労働時間の管理者をおこう
早速適任者を選出しましょう

チェックし合う体制を整備することも効果的です。各部署で管理し、牽制し合うことで、厳正に労働時間を把握することができます。

なお、企業全体で、総括的に適正な労働時間管理を行う責任者を決めておくことも重要です。

58 相談体制を整備する際の留意点は？

Q

労働時間管理に関する相談体制を整備しようと考えていますが、どのようなことに留意する必要がありますか。

A

上司や人事労務担当者以外の者を相談窓口とすること、企業トップが直接情報を把握できるような投書箱（目安箱）や相談専用電子メールアドレスを設けること、労働組合がある企業では、労働組合に対して、相談窓口を設置するよう要請し、労働組合と共同して取組みを進めること等がある。

企業の労働時間の管理体制とは別の体制として、相談窓口を設置するなどして、サービス残業の実態を従業員から積極的に把握することも重要です。

この種の相談窓口を設置する場合には、上司や人事労務担当者以外の者を相談窓口とするなどの配慮が求められます。

また、企業トップが直接情報を把握できるような投書箱（目安箱）や相談専用電子メールアドレスを設けることも1つの方法です。

なお、労働組合がある企業では、労働組合に対して、相談窓口を設置するよう要請し、労働組合側の相談窓口などを通じてサービス残業が行われていることが判明した場合には、労働組合と共同して、サービス残業の解消に向けた取組みを進める必要があります。

59 従業員への教育内容は？

Q サービス残業の解消のために、従業員に対する教育から取り組もうと考えていますが、どのようなことから教育する必要がありますか。

A サービス残業を解消するためには、労働者が時間外労働やサービス残業に関する基礎知識を持っていることが必要である。

労働者に時間外労働やサービス残業についての基礎知識がなければ、自分が働いた時間が「サービス残業」に該当するか否かも分からないことになります。

そこで、サービス残業の解消のためには、時間外労働やサービス残業に関する基礎知識を持っていることが重要です。

例えば、時間外労働を行うためには、三六協定（Ｑ30参照）を締結し、協定に定められた労働時間の範囲内でしか働かせることができません。しかも、労使間で三六協定を締結すれば何時間でも残業させられるということではなく、「労働時間の延長の限度等に関する基準」（Q34参照）が定められており、三六協定で締結する時間外労働はその範囲内とするよう求められています。

また、サービス残業は、労働基準法に違反するほか、労働者との労働契約に違反すること、長時間労働や過重労働、さらには過労死や過労自殺につながるおそれがあること、家庭生活、社会生活に支障が生じるおそれがあること等多くの重大な問題があります（Q1、Q2参照）。したがって、サービス残業は速やかに解消する必要があります。

このようなことから、サービス残業についての基礎知識から労働者に教育することが適当かと思われます。

60 時間外手当等の取扱いについての教育内容は？

Q 従業員に時間外・休日手当の取扱いについて教育したいと考えていますが、どのようなことを教育すればよいですか。

A 労働者には、時間外・休日手当の取扱いや管理・監督者についての基礎知識が必要である。

サービス残業を解消するためには、労働者に時間外・休日労働手当に関する基礎知識が必要です。

法定労働時間外などに仕事をさせる場合には、使用者は労働者に対して割増賃金を支払わなければなりません。この割増賃金については、次の3種類があり、それぞれに応じて支払わなければなりません（なお、割増賃金の詳細については、Q37参照）。

① 時間外労働：週40時間・1日8時間（法定労働時間）を超えて働いた場合には25％増し

の賃金

② 休日労働：週1回の法定休日に働いた場合には35％増しの賃金

③ 深夜労働：午後10時から午前5時までの間に働いた場合には25％増しの賃金

この割増賃金の支払いについては、①割増賃金の対象となる時間（休日）数を確認すること、②実際に労働した時間（休日）に応じた割増賃金の金額が支払われているかを確認する必要があります。

なお、近年年俸制を採用している企業が増えていますが、年俸制を採用する場合にも労働基準法第41条第2号の管理・監督者等に該当しない場合には、時間外・休日労働を行わせた場合、時間外・休日労働手当の支払いが必要です。年俸制の場合、時間外・休日労働手当もこれに含まれているとする場合には、年俸の中のどの部分が時間外・休日労働手当に該当するのか、あらかじめ明確にしておく必要があり、当該時間外・休日労働手当該当部分を超えて、時間外・休日労働をさせた場合には、追加して、時間外・休日労働手当を支給する必要があります。

また、部長等に対しては、時間外労働の割増賃金は支払う必要がないと一般に考えられています。労働基準法第41条では、管理・監督者（同条第2号）については、同法の労働時間・休憩・休日に関する規定は適用されません。しかしながら、この管理・監督者とは、経

営者と一体的な立場にあり、出退勤などに厳格な制限を受けない者に限られています。したがって、部長、副部長という肩書であっても管理・監督者に該当しない場合には、時間外労働手当の支払いが必要であることに留意する必要があります。

61 残業手当請求についての教育の留意点は？

Q

サービス残業解消のため、従業員に時間外労働や休日労働についての報告、残業手当の請求について、教育したいと考えていますが、どのようなことに留意したらよいでしょうか。

A

対象となる労働者に対して、労働時間の実態を正しく記録し、適正に自己申告を行うこと、時間外・休日労働手当の請求に当たっても正確に請求すること、自己申告制の具体的な内容、適正な自己申告を行ったことにより不利益な取扱いが行われることがないこと、などについて文書により十分な教育を行うことが必要である。

自己申告制により労働時間の把握を行う場合には、労働者が自己の労働能力について高い評価を受けたいため労働時間を過少申告する傾向もみられることから、対象となる労働者に対して、労働時間の実態を正しく記録し、適正に自己申告を行うこと、時間外・休日労働手当の請求に当たっても正確に請求すること、自己申告制の具体的な内容、適正な自己申告を行ったことにより不利益な取扱いが行われることがないこと、などについて十分な教育を行うことが必要です。

教育の方法としては、自己申告制の具体的な内容を文書化することが適当です。

また、ノー残業デーの設定や時間外労働時間の削減のための社内通達、時間外労働時間数の上限や目安時間の設定、職場単位ごとに時間外労働手当の予算枠の設定などを行っている企業にあっては、このような取組みは業務を効率的に処理し総労働時間を短縮しようとするもので、労働者が労働時間を過少申告することを意図したりするものではなく、労働時間の適正な申告の阻害要因となっている場合には廃止を含め改善のための措置を講ずる用意があることや、人事考課に当たりサービス残業をした労働者は評価しないことなどを教育する必要があると考えられます。

62 社内委員会の設置事例は？

Q

社内に委員会を設置して、サービス残業の解消に向けた取組みを進めていきたいと考えていますが、参考となる事例があれば、教えてください。

A

副社長、労務担当役員、各店舗店長、本社部長クラスで構成される労働時間短縮委員会を設置し、月1回各店舗の店長を集め改善報告を行わせ、月45時間を超える労働者がいる店舗では改善策の検討を指示し、月30時間を超える労働者のいる店舗ではその人数を発表し、20時間以内に収めるよう指示され、後日改善結果の発表を行っている企業がある。

厚生労働省が発表した「賃金不払残業の具体的事例」では、次のような事例が報告されています。

社内調査の結果、会社は時間外労働時間数を把握しておらず、割増賃金の支払いがなかったことが明らかになったことから、未払いの割増賃金を支払うこととしました。

これとあわせて、副社長、労務担当役員、各店舗店長、本社部長クラスで構成される労働時間短縮委員会を設置し、月１回各店舗の店長を集め、改善報告を行わせることにしました。

労働時間短縮委員会では、月45時間を超える時間外労働を行う労働者が出た店舗では改善策の検討を指示し、月30時間を超える労働者のいる店舗ではその人数を発表し、20時間以内に収めるよう指示され、後日改善結果の発表を行うことにしています。

63 労働時間把握の参考事例は?

Q 当社では、サービス残業の解消に向けて、社員のより正確な労働時間の把握に取り組んでいきたいと考えていますが、参考となる事例があったら、教えてください。

A 始業・終業時刻について分単位で入力できるようにシステムを改善した上で、各課長に対し労働者の出退館時刻を記録した電子データを1週間単位で送付し、そのデータと勤務実態報告とを比較・照合して、労働時間が適正に申告されているか確認している企業がある。

厚生労働省が発表した「賃金不払残業の具体的事例」では、次のような事例が報告されています。

社内調査の結果、割増賃金の支払いがなかったことが明らかになったことから、未払いの

割増賃金を支払いました。これとともに、

①　フレックスタイム制による始業・終業時刻の端末への入力について、分単位で入力できるようにシステムを改善すること、

②　管理部門から各課長に対し、労働者の建物への出退館時刻を記録した電子データを1週間単位で送付し、

③　各課長はそのデータと勤務実態報告とを比較・照合し、労働時間が適正に申告されているか確認をし、不適正な事案が確認された場合には、速やかに対応策を検討し、改善策を図ります。

64 残業を減らした参考事例は？

Q 当社では、サービス残業の解消に向けて、労働時間の適正把握とともに、残業そのものを減らす取組みを進めていきたいと考えています。参考となる事例がありましたら、教えてください。

A 時間外労働の有無にかかわらず始業・終業時刻を自己申告させ、管理者が確認すること、定時退社日及び年2回の定時退社週間の設定、定時退社前1時間は管理者の新規業務指示の禁止、最長退社目標時間を20時に設定、20時以降の時間外労働について報告の請求、19時以降の本支店間の電話連絡の禁止などの取組みをしている企業がある。

厚生労働省が発表した「賃金不払残業の具体的事例」では、次のような事例が報告されています。

社内調査の結果、割増賃金の支払いがなかったことが明らかになったことから、未払いの割増賃金を支払いました。これとともに、

① 従来時間外労働を行った場合にのみ管理者が労働時間を記録していたものを、時間外労働の有無にかかわらず、始業・終業時刻を自己申告させ、これを管理者が確認すること、

② 定時退社日を設定し、定時退社前1時間について管理者は新規業務の指示を行わないこと、

③ 年2回の定時退社週間の設定、

④ 最長退社目標時間を20時と設定し、それ以降の時間外労働についてその都度報告を求め、19時以降の本支店間の電話連絡を禁止するなど

を実施した企業があります。

65 不満を持つ従業員への対応は?

Q 従業員のうちの数人がサービス残業は契約違反だとして、裁判に訴えるといってきました。どのように対応すればよいでしょうか。

A 全ての従業員について、サービス残業の有無、未払い賃金の額について速やかに調査を行い、未払いの賃金を支払うこと、2度とサービス残業は起こさないという決意で、その解決策や予防策を労使が一体となって検討し、これを実行していくことが必要である。

裁判に訴えると言っている者だけではなく、全ての従業員について、サービス残業の有無、サービス残業がある場合にはその未払い賃金の額について速やかに調査を行い、未払いの賃金を支払うことがまず何よりも必要です。

その上で、サービス残業が行なわれた背景、事情等について、十分な調査を行い、今後2

度とサービス残業は起こさないという決意で、その解決策や予防策を労使が一体となって検討し、これを実行していく必要があります。

66 年俸制の場合のサービス残業の問題は？

Q

当社では、成果主義による年俸制の導入を予定しています。年俸制では、時間外手当や休日手当の支払いの問題は起こらず、したがって、サービス残業の問題も起こらないと考えますが、いかがでしょうか。

A

管理・監督者等を除き、年俸制を採用している場合にも時間外手当や休日手当の支払いは必要である。年俸制の中に時間外・休日労働手当が含まれない場合や時間外・休日労働手当に相当する部分が明確な場合でこれを超える時間外労働等があった場合には、それに相当する額を別途支給することが必要である。

労働基準法第41条第2号の管理・監督者等に該当する場合を除き、年俸制を採用している場合にも、時間外手当や休日手当の支払いは必要です。

年俸制の場合には、年俸制の中に時間外・休日労働手当が含まれるか否か、含まれるとしてどの部分が時間外・休日労働手当に相当するのかを明確にすることが必要です。

時間外・休日労働手当に相当する部分が明確でない場合には、時間外・休日労働を適正に把握し、これに対応した時間外・休日労働手当を支払う必要があります。

また、時間外・休日労働手当に相当する部分が明確な場合にも、時間外・休日労働の適正な把握を行う必要があります。年俸制に含まれている時間外・休日労働手当の金額を超える時間外労働等があった場合には、それに相当する額を別途支給することが必要だからです。

裁判例の中にも「年俸制の中に時間外割増賃金分を本来の基本給部分と区別して、明確に定めていない限りは、年俸制の中に時間外労働手当が含まれるということは出来ず、別途時間外割増手当を支払う義務がある。」とするもの（創栄コンサルタント事件　大阪地裁H14・5・17）があります。

67 残業代抑制のために管理職を拡大することは問題か？

Q

当社では、残業代のコストが極めて大きく、その抑制が大きな課題となっています。管理職の場合には、残業代を支払わなくてよいので、管理職の範囲を拡大したいと考えています。何か問題がありますか。

A

管理・監督者とは、経営者と一体的な立場にあり、出退勤などに厳格な制限を受けず、かつ、相応の処遇がなされている者に限られており、これに該当するか否かは実質的に判断される。社内で管理職としても、実質的にこれに該当しない場合には、時間外・休日労働手当を支払わなければならない。

労働時間や休日、休憩に関する規定が適用されない労働基準法第41条第2号の管理・監督者とは、経営者と一体的な立場にあり、出退勤などに厳格な制限を受けず、かつ、相応の処遇がなされている者に限られており、これに該当するか否かは実質的に判断することとされています。

したがって、仮に貴社において、管理職と位置づけたとしても、実質的に労働基準法の管理・監督者に該当しない場合には、労働時間の管理を行い、時間外・休日労働手当の支払いをしなければなりません。

裁判例においても、「会社は当該課長の勤務に関して時間管理を行い、勤務時間に関する裁量があるような就労は許していなかったこと、役職手当については時間外労働等割増賃金の支給対象となる課長代理とは1万円しか格差がなかったことから、当該課長は管理監督者には当たらない」としたもの（パワーテクノロジー事件　東京地裁H14・3・11）があります。

68 残業代の請求を労働者自身に委ねたいが？

Q

労働時間管理については、かなり手間が掛かることから、当社では残業について自己申告制にし、残業時間の申告や残業代の請求などを労働者自身に委ねたいと考えています。このほかに、手間の掛からない効率的な方法があったら、教えてください。

A

労働時間の管理をすべて労働者に委ねようとするやり方はサービス残業の温床となるもので認められない。時間外労働や休日労働を適正に把握し、これに基づいて、時間外・休日労働手当を支払うことは使用者の義務である。

使用者が始業・終業時刻を確認し、記録する方法の原則は、使用者が自ら現認するか、又はタイムカード、ＩＣカード等の客観的な記録を基礎とするかのいずれかです。

仮に始業・終業時刻の確認・記録の方法が自己申告によらざるを得ない場合には、正確な労働時間の申告・把握を阻害する要因、例えば、部署ごとに残業手当の予算が定められていたり、残業時間の削減に関する社内通達が申告時間の上限を定めたものであるとの暗黙の了解があったりするなどの場合には、その解消を図る必要があります。また、正確な申告を行ったことに対し、不利益を受けることのないような配慮も必要です。

ご質問の自己申告制は、労働時間の管理をすべて労働者に委ねようとするものと思われますが、このようなやり方はサービス残業の温床となるもので認められていません。時間外労働や休日労働の時間を適正に把握し、これに基づいて、時間外・休日労働手当を支払うことは使用者の義務であることを認識して、サービス残業のない職場作りに取り組んでください。

質問のような方策を講じるよりは、むしろ時間外労働をしなくてよいように、効率的な業務の処理や業務推進体制の構築に努めるべきでしょう。

69 残業時間を把握せず手当を支払っていないが問題か？

Q 当社では、出退勤の管理を全て社員に任せており、このため正確な残業時間を把握していません。仮に社員が残業しても一切残業手当を支給しないことにしています。何か問題があるでしょうか。

A 時間外労働や休日労働の時間を適正に把握し、これに基づいて、時間外・休日労働手当を支払うことは使用者の義務であり、時間外・休日労働の時間数を把握していないことを理由として、時間外・休日労働手当の支払いをしなくてよいということにならない。

時間外労働や休日労働の時間を適正に把握し、これに基づいて、時間外・休日労働手当を支払うことは使用者の義務です。したがって、時間外・休日労働の時間数を把握していないことを理由として、時間外・休日労働手当の支払いをしなくてよいということになりませ

社員任せだから
残業代は
払えない！
それは
おかしい
のでは…？

ん。

　裁判例においても、「正確な時間外労働の時間数が不明であるのは、出退勤を管理していなかった会社の責任であるから、正確な残業時間が不明であることを理由として、時間外割増賃金の請求が認められないことにはならない」とするもの（東久商事事件　大阪地裁H10・12・25）があります。

70 1時間以上残業しないと手当を支払わないが問題か？

Q

当社では、残業時間について、1日1時間以上の残業をした場合に限って残業と認め、残業手当を支払っています。社員からは、特に不満の声は聞かれませんが、問題がありますか。

A

法定時間外労働については25％以上の割増賃金の支払いが義務づけられており、時間外労働手当を支払わないことは、賃金不払いとして、労働基準法に違反する。法定時間外に当たらない所定時間外に労働させた場合の賃金不払いについても同様である。

法定時間外労働については、25％以上の割増賃金の支払いが使用者に義務づけられており、1日1時間以内の時間外労働について時間外労働手当を支払わないことは、賃金不払いとして、労働基準法に違反します。

なお、法定時間外に当たらない所定時間外に労働させた場合には、「原則として通常の労働時間の賃金を支払わなければならない。ただし、労働協約、就業規則等によって、その1時間に対して別に定められた賃金額がある場合にはその別に定められた賃金額で差し支えない」（S23・11・4　基発第1592号）とされており、この賃金を支払わない場合にも賃金不払いとなります。

71 労働時間の四捨五入は認められないのか？

Q

残業時間は1分単位で把握し、それに見合った残業手当を払わないと違反になるのですか。賃金計算を簡便にするため15分単位あるいは30分単位で四捨五入することは認められないのですか。

A

時間外労働等の時間数の把握については、厳密に行うことが求められている。一方、割増賃金の計算に当たっての端数処理については、1時間当たりの賃金額に円未満の端数が生じた場合や時間外等の総労働時間数に1時間未満の端数がある場合に四捨五入することが認められている。ただし、日々の時間外労働等の時間数を15分単位や30分単位で四捨五入することは認められておらず、切上げだけが可能である。したがって、このような取扱いに適合することが必要となる。

労働時間の把握については、「労働基準法は、労働時間、休日、深夜業等について規定を設けていることから、使用者は、労働時間を適正に把握するなど労働時間を適切に管理する責務を有していることは明らかである（労働時間適正把握基準）」とされており、時間外労働等の時間数の把握については、厳密に行うことが求められていると考えられます。

一方、割増賃金の計算に当たっての端数処理については、「通常の労働時間若しくは労働日の1時間当たり賃金額又は1時間当たり割増賃金額に円未満の端数が生じた場合、50銭未満の端数は切り捨て、50銭以上1円未満の端数は1円に切り上げて処理することについては、労働基準法違反としては取り扱わないもの」（S63・3・14　基発第150号）とされており、また、「その月における時間外、休日又は深夜の総労働時間数に30分未満の端数がある場合にはこれを切り捨て、それ以上の端数がある場合にはこれを1時間に切り上げることは、事務簡便を目的としたものと認められることから、労働基準法第24条及び第37条違反としては取り扱わない」（S63・3・14　基発第150号）とされています。

しかしながら、日々の時間外労働等の時間数について30分未満の端数がある場合にはこれを切り捨て、それ以上の端数がある場合にはこれを1時間に切り上げることは、1か月間についてみれば10時間以上の時間外労働に対し割増賃金が支払われないことにもなることから、認められていません。同様に、15分単位で四捨五入するということが日々の時間外労働

1か月について
30分未満は
切り捨て！
30分以上は
1時間！

の時間数についての取扱いであれば、1か月間に数時間以上の時間外労働に対し割増賃金が支払われないことになり、認められていません。

なお、実際の時間外労働の時間数を切り上げて計算するのであれば、労働基準法で定めた最低基準を上回る水準となることから、同法に抵触することはありません。

したがって、賃金計算を簡便にするための方法については、このような取扱いに適合することが必要となります。

72　１月15時間超えないと残業代を支払わないが問題か？

Q

当社では、１月に15時間を超えた残業を行った場合に、残業手当を支払うという慣行があります。サービス残業という言葉を最近よく耳にしますが、こういう取扱いはサービス残業になるのでしょうか。

A

１月15時間を超えて時間外労働をした場合に限って時間外労働手当を支払うことは、賃金不払いとして労働基準法に違反する。

法定時間外労働については、25％以上の割増賃金の支払いが使用者に義務づけられており、１月15時間以内の時間外労働について時間外労働手当を支払わないことは、賃金不払いとして、労働基準法に違反します。

なお、法定労働時間外に当たらない所定労働時間外に労働させた場合に時間外労働手当を支払わないことは、賃金不払い（Q70参照）となります。

いずれにしても、サービス残業の典型的なパターンであり、違法です。

73 上限時間以上の残業代は支払わないが問題か？

Q

当社では、残業時間抑制のため、１月の残業時間に上限を設けて、社員がそれ以上残業しても残業とは認めていません。これを緩めれば、残業が益々増えることになります。これからも続けたいのですが、労働基準法では何か問題がありますか。

A

１月の時間外労働に上限を設けて、それ以上の時間外労働について時間外労働手当を支払わないことは、賃金不払いとなる。重要なことは、業務のあり方や業務推進体制を見直し、時間外労働を減らすことである。

１月の時間外労働に上限を設けて、労働者がそれ以上時間外労働をしても、時間外労働手当を支払わないことは、賃金不払いとして、労働基準法に違反します。

重要なことは、これまでの業務のあり方を見直し、業務の効率化、省力化を図ることや人

員配置、業務推進体制を見直すことによって、時間外労働を減らすということです。そのためには、業務の棚卸しを行い、「本当に必要な仕事」と「不必要な仕事」を判別して、絶対的な仕事量を減らすなどの取組みが重要です。

74 振替休日は休日手当が必要か？

Q 当社では、振替休日の制度があり、休日を振り替えることが時々あります。その後業務の都合で、振り替えられた休日に社員に出勤してもらわなければならない時がありますが、この場合には休日手当を支払わなければなりませんか。

A 振替休日の場合、振り替えられた休日が休日となり、当該休日には休日労働手当を支払わなければならない。

振替休日の場合、振り替えられた休日が休日となります。したがって、当該休日には休日労働手当を支払わなければなりません。その額は、法定休日労働の場合には35％以上の割増賃金、法定休日に当たらない所定休日労働の場合には原則として通常の労働日の賃金（労働協約、就業規則等によって、その日に対して別に定められた賃金額がある場合にはその別に

定められた賃金額）となります。

75 残業時間の切り捨て又は四捨五入は可能か？

Q

当社では、残業手当の支払いについて、計算の便宜のために、1日30分以内の残業については切り捨てています。これは何か問題がありますか。30分を超える分については1時間として扱うという四捨五入方式であればどうでしょうか。

A

1日30分以内の時間外労働について時間外労働手当を支払わないことは賃金不払いとして、労働基準法に違反する。1か月間における時間外労働等の時間数の合計に30分未満の端数がある場合にはこれを切り捨て、それ以上の端数がある場合にはこれを切り上げる方法は、事務簡便を目的としたものとして労働基準法違反としては取り扱わないとされているが、日々の時間外労働等の時間数について同じ方法をとることは認められていない。

１日30分以内の時間外労働について、時間外労働手当を支払わないことは、賃金不払いとして、労働基準法に違反します。最近、大手のファーストフードチェーンで、労働基準監督署から是正指導を受けています。貴社も速やかに是正してください。

また、１日30分以内の残業については切り捨て、30分を超える分については、１時間として扱うという四捨五入方式については、時間外労働等の時間数について、１か月間における時間外労働等の時間数の合計に30分未満の端数がある場合にはこれを切り捨て、それ以上の端数がある場合にはこれを切り上げる方法については、事務簡便を目的としたものとして労働基準法違反としては取り扱わないとされています（S63・３・14　基発第１５０号）。しかし、日々の時間外労働等の時間数について同じ方法をとることは、１か月間についてみれば10時間以上の時間外労働に対し割増賃金が支払われないことにもなることから、認められていません。

76 休日出勤を私用出勤としているが問題か？

Q

社員が休日に出勤することがあります。好ましくないことなので、この場合には、私用で出勤したことにし割増賃金等を支払っていません。差し支えないでしょうか。

A

法定休日労働については35％以上の割増賃金の支払いが使用者に義務づけられており、休日労働に対して休日労働手当を支払わないことは、賃金不払いとして違法である。法定休日に当たらない所定休日に労働させた場合にも原則として通常の労働日の賃金（別に定めた賃金額がある場合にはその額）を支払わなければならない。

法定休日労働については35％以上の割増賃金の支払いが使用者に義務づけられており、休日労働に対して、休日労働手当を支払わないことは、賃金不払いとして違法です。

なお、法定休日に当たらない所定休日に労働させた場合にも、原則として通常の労働日の賃金（労働協約、就業規則等によって、その日に対して別に定められた賃金額がある場合にはその別に定められた賃金額）を支払わなければなりません。

77 裁量労働制の社員の労働時間管理はしていないが？

Q

当社では、専門職の一部に裁量労働制を導入しようかと考えています。何か必要な手続きはあるのでしょうか。また、裁量労働制の社員については、一切労働時間の管理をせず、所定内の賃金を支払うことができるとのことですが、本当でしょうか。

A

裁量労働制については、労働基準法で要件と手続きが厳密に規定されており、これらの要件と手続きを充たさない限り、裁量労働制とは認められず、労働時間の適正な管理が求められ、休日労働等については管理が必要である。

裁量労働制は、使用者が業務の遂行方法や時間配分などを具体的に指示することなく、労働者の創造的な能力を発揮できるように、その業務の遂行を労働者の裁量に委ねる場合に、労働時間について労使協定等であらかじめ定めた時間働いたとみなす制度で、専門業務型裁量労働制と企画業務型裁量労働制があります。

裁量労働制については、労働基準法第38条の3及び第38条の4で、これを導入・運営するための要件と手続きが厳密に規定されています（Q26参照）。

したがって、これらの要件と手続きを充たさない限り、裁量労働制とは認められず、労働時間の適正な管理が求められます。

また、裁量労働制に該当する場合にも、その業務の遂行に必要な時間を労使協定等で定め、対象労働者はその時間労働したものとみなされます。したがって、みなされた時間によっては、その時間に対応した時間外労働手当の支払いが必要となります。また、休日や休憩については労働基準法の規定が適用されますので、これらについては管理する必要があること等に留意する必要があります。

78 残業代はボーナス一括払いだが問題か？

Q 当社では、残業手当はボーナス時にボーナスに含め一括して支払っています。従業員からも不満はありません。問題ありますか。

A 長期間の時間外・休日労働時間をまとめて管理するということであれば、労働時間の管理が極めて曖昧となり、適正な労働時間の管理上問題があるほか、毎月1回以上払いの原則、時間外・休日労働時間に対応した手当の支払い等からみて極めて問題のある支払い形態であり、速やかに改善措置を取る必要がある。

ご質問のケースについては、時間外・休日労働手当の支払いの前提となる時間外・休日労働の管理が適正に行われているかが問題となります。労働時間の管理は日々の始業・終業時刻の管理ですから、日々これを行うことが原則です。仮に長期間の時間外・休日労働時間をまとめて管理するということであれば、労働時間の管理が極めて曖昧となり、適正な労働時間の管理が本当に可能かという問題があります。

また、賃金の支払いについては、毎月1回以上払いの原則が定められており（労働基準法第24条第2項）、時間外・休日労働手当についても月例賃金等と合わせて支払う必要があります。

さらに、時間外・休日労働手当については、他の賃金と区分し、労働者が行った時間外・休日労働時間に対応した手当として支払われていることが明確でなければなりません。

いずれにしても、極めて問題のある支払い形態であり、サービス残業等として是正を求められる可能性が極めて高いと思われますので、速やかに改善措置を取られる必要があると考えられます。

79 申告時間とタイムカードにずれがあるが？

Q

当社では、タイムカードで労働時間の管理をしていますが、残業時間については本人からの申告によることとしており、申告された時間とタイムカードの時間にずれがある場合には、タイムカードの時間を修正しています。問題があるでしょうか。

A

タイムカード等で労働時間の管理を行う場合には、その記録が労働時間管理の基本情報となる。残業申告書などにより確認・記録することが必要な場合はあると思われるが、タイムカードの時間を修正してよいことにはならず、サービス残業があった場合には記録の改ざんとして悪質と認められる可能性がある。

タイムカード等で労働時間の管理を行う場合には、その記録が労働時間管理の基本情報となります。労働者からの残業申告書など労働時間を算出するための記録を照合させることにより確認し、記録することが必要な場合はあると思われますが、そのことによって、タイムカードの時間を修正してよいということにはなりません。むしろ、サービス残業があることが明らかになった場合には、記録の改ざんを行ったとして、悪質であると認められる可能性があります。

裁判例においても、「タイムカードに記載された出勤・退勤時刻と始業・終業の時間との間に齟齬があることが証明されない限り、タイムカードに記載された出勤・退勤時刻をもって実労働時間を認定すべきである」とするもの（千里山生活協同組合事件　大阪地裁H11・5・31）があります。

なお、タイムカードを打刻する場所が実際に勤務する場所と離れている場合などタイムカード等に打刻された時刻が始業・終業時刻と異なる場合には、労使間で協議して、打刻場所と職場までの時間差を組み入れておくことを協定しておくのも1つの方法ですが、この場合にも労使間で十分に協議して、実施することが重要です。

80 残業減の呼びかけは効果があるか？

Q 当社では、残業を減らすために、各職場に残業を極力減らすようにとの張り紙をしています。張り紙を貼ってから、残業代の請求が減ったような気がしますが、効果を挙げていると考えてよいのでしょうか。

A 労働者の労働時間の適正な申告を阻害する意図がないか否か、その意図がない場合でも、運用方法から労働時間の適正な申告の阻害要因となっていないかについて検証する必要があり、阻害要因となっている場合には、直ちに改善する必要がある。

各企業においては、ノー残業デーの設定や労働時間短縮の社内通達、時間外労働時間数の上限の設定など労働時間短縮について様々な取組みが行われています。これらの取組みは、本来業務を効率的に処理し、総労働時間を短縮しようとするものですが、労働者に対する周知のあり方や管理者の安易な発言等から、労働者の労働時間の適正な申告を阻害する効果をもたらしている場合があり、中にはそのことを意図しているものもあります。

特に自己申告制によって労働時間の管理をする場合には、労働者が適正な申告を行うことができる環境を作ることが重要です。したがって、労働者の労働時間の適正な申告を阻害する意図がある場合には直ちに廃止することはもとより、そのような意図がない場合でも、運用方法から、労働時間の適正な申告の阻害要因となっていないかについて検証し、阻害要因について、改善のための措置を講ずる必要があります。

ご質問の各職場に貼られている「残業を極力減らすように」との張り紙についても、労働者の労働時間の適正な申告を阻害する意図がないか否か、その意図がない場合でも、その運用方法から、労働時間の適正な申告の阻害要因となっていないかについて検証する必要があります。仮にこのような阻害要因となっている場合には、直ちに改善する必要があります。

81 定額残業制を導入したいが？

Q

当社では、会社側で指示をしていないのに、残業する社員が数多くおり、このために支払う残業代もかなりの金額になっています。そこで、これらの残業を抑制するために、一定額以上の残業代を支給しない定額残業制を導入したいと考えています。何か問題がありますか。

A

時間外手当として支払われる金額が他と明確に区分されている場合には、時間外労働手当に対応する時間については賃金不払いの問題は発生しないが、その時間を超えた分の時間外労働手当の支払いは必要である。

時間外手当として支払われる金額が他と明確に区分されている場合には、当該時間外手当に対応する時間外労働については、当該時間外労働手当の支払いにより、賃金不払いの問題は発生しませんが、その時間を超えて、時間外労働をさせた場合には、追加してその分の時

間外労働手当の支払いが必要となります。これを支払わない場合には、賃金不払いとして、労働基準法に違反します。

裁判例においても、「基本給月額の17％の定額支払いであるセールス手当がセールスマンに支給されていることについて、会社側がセールスマンの時間外労働時間が平均して1日1時間、月23時間であるという調査結果に基づきセールス手当の割合を定めたことなどから、セールス手当は定額の時間外手当としての性質を有すると認めた上で、現実の時間外労働によって計算した割増賃金がこれを上回る場合には、その差額の支払いを労働者は請求できる」としたもの（関西ソニー販売事件　大阪地裁S63・10・26）があります。

82 指示ない残業には手当を支払わないが問題か？

Q

会社側で残業の指示をしていない場合には、残業手当を支払う必要はないと考えますが、いかがでしょうか。

A

使用者の指示は明示的なものであることは必要なく、黙示の指示により労働した場合にはその時間は労働時間であり、それが時間外労働である場合には時間外労働手当の支払いが必要となる。

一般に、労働者の自発的な残業を知りながら、中止をさせずに放置し、その労働の成果を受け入れている場合には、労働時間に該当すると解されています。

裁判例でも、「使用者が労働者に対し労働時間を延長して労働することを明示的に指示していないが、行わせている業務の内容からすると、所定の勤務時間内では業務を完遂できず、納期を考慮すれば、労働時間を延長して労働することを黙示に指示した」ものとして、

時間外労働手当の支払いが認められたもの（リンガラマ・エグゼクティブ・ランゲージ・サービス事件　東京地裁H11・7・13）があります。

このように使用者の指示は明示的なものであることは必要なく、黙示の指示により労働した場合でもその時間は労働時間であり、それが時間外労働である場合には、時間外労働手当の支払いが必要となります。

83 残業必要ない職務には手当を支払わないが？

Q

当社では残業が必要ないと思われる職務には残業を厳しく禁止し、自分の意志で残業しても残業としては取り扱わない旨を申し渡しています。ここまでしても、現に残業した者に残業手当を支払う必要があるのでしょうか。

A

貴社の指示は、時間外労働の取扱いに対する一般的な指示と解され、これに反して従業員が自発的に時間外労働をしていることを知った場合には、これを中止させる必要があると思われる。中止させずに、一般的な指示にとどまっている場合には、労働者の自発的な残業を放置し、その労働の成果を受け入れていると解され、時間外労働手当の支払いは免れないものと考えられる。

一般に、労働者の自発的な残業を知りながら、中止をさせずに放置し、その労働の成果を受け入れている場合には、労働時間に該当すると解されています。また、使用者の指示が黙示の指示であった場合にもその時間は労働時間です。したがって、これらの時間が時間外労働である場合には、時間外労働手当の支払いが必要となります。

ご質問のケースについては、「残業が必要ないと思われる職務には残業を厳しく禁止し、自分の意志で残業しても残業としては取り扱わない旨を申し渡した」ことが自発的な残業を知りながら、中止をさせることに該当するか否かが問題となります。

貴社の指示は、時間外労働の取扱いに対する一般的な指示と解され、これに反して従業員が自発的に時間外労働をしていることを知った場合には、これを中止させる必要があると思われます。

このような行為をせずに、一般的な指示にとどまっている場合には、労働者の自発的な残業を放置し、その労働の成果を受け入れていると解され、時間外労働手当の支払いは免れないものと考えられます。

したがって、貴社においては、労働者の自発的な残業を中止させるために、より積極的な取組みを行う必要があると考えます。

84 外勤の営業員には残業代を支払っていないが問題か?

Q 当社では、外勤の営業員については労働時間の管理ができないので、通常の労働時間働いたものとして、特に時間外手当を支払ってきませんでした。何か問題はありますか。

A 事業場外で働き、労働時間を明確に算定し難い労働者については、労働基準法第38条の2により所定労働時間労働したもの等とみなされるが、外勤の営業員であっても一定の勤務形態にある場合には、労働時間の算定は困難ではなく、事業場外労働に係るみなし労働の対象とはならないとされた裁判例もあるので、留意する必要がある。

事業場外で働く営業員などのように、実際の労働現場においては労働時間を明確に算定し難い働き方をする労働者もいます。このため、労働基準法第38条の2では、このような労働者の労働時間について、「労働者が労働時間の全部又は一部について事業場外で業務に従事した場合で、労働時間を算定しがたいときは、所定労働時間労働したものとみな」されています。

さらに、「当該業務を遂行するためには所定労働時間を超えて労働する必要がある場合には、その業務の遂行に通常必要とされる時間労働したものとみな」されています。

しかしながら、外勤である場合には、必ず労働時間を算定し難いのかと言えば、そうと言い切れない場合もあります。裁判例では、「会社では営業員の勤務時間を定め、基本的には朝会社に出社し、朝礼に出席し、その後外勤に出て、午後6時までに帰社して終業となること、行動内容を記載した予定表を会社に提出し、外勤中に行動を報告したときには予定表の該当欄に線を引いて抹消していたこと、営業員全員に携帯電話を所持させていたこと、等を理由として、労働時間の算定は困難ではなく、事業場外労働に係るみなし労働の対象とはならない」とするもの（光和商事事件　大阪地裁H14・7・19）もありますので、このような事例に当たらないかどうか検証する必要があります。

85　労働時間を管理する機器で注意することは?

Q 労働時間を管理するための機器について、注意すべきことがあったら、教えてください。

A 労働時間管理を行うための機器としては、タイムカード方式、ＩＤカード、身体による個人認証方式、改札口（チェックインゲート）方式、労働時間管理ネットワーク等があるが、各事業場の実情に応じそれぞれに最適の機器を選択することが重要である。

労働時間管理を行うための機器としては、タイムカード方式、ＩＤカード、身体による個人認証方式、改札口（チェックインゲート）方式、労働時間管理ネットワーク等があり、それぞれの特徴は次の表のとおりです。なお、ＩＴ技術の進展等に伴い、労働時間管理機器も今後さらに多様化、高度化することが見込まれます。いずれにしても、各事業場の実情に応じ、それぞれに最適の機器を選択することが重要です。

表　労働時間管理機器の構造とメリット・デメリット

機器	構　　造	メリット	デメリット
タイムカード方式	従業員各人の就業時間を記録するカードを所定の挿入口に入れ、時刻を捺印する。 実働時間集計などが可能な時間集計タイムカード、就業データをパソコンに取り込めるシステムタイムレコーダーなどがある。	打刻記録が確認できる。 即時に発行できる。 打刻忘れ・間違いを本人が確認できる。 システムタイムレコーダーは事務効率向上に資する。	毎月発行、回収のため、手間がかかる。 システムタイムレコーダーは導入経費が比較的かかる。 タイムレコーダーとしての利用しかできないものが多い。
IDカード方式	カードの所有者を識別するカードを挿入等することにより、出勤・退勤時刻等を記録する。	一度作成すれば毎月発行する必要がない。 社員証、身分証明等として利用できる。 入室情報や社員食堂情報システムなど多目的に活用できる。	導入コストが比較的高い。 破損・紛失時のコストがかかる。 従業員自身がその場で打刻の記録を確認できない。

身体による個人認証方式	従業員各人の眼や指紋等を認識してその就業状況を記録する。	カードが不要なため、認証機器のコストだけで済む。 個人の特定が確実で、他の者がなりすますことができない。	事前に指紋などの登録が必要である。 従業員自身がその場で打刻の記録を確認できない。 指紋などの登録に十分な説明が必要である。
改札口(チェックインゲート)方式	会社等の入り口に駅の自動改札のようなゲートを設置し、ICカードをかざすと出退社時間を記録する。	多人数の労働時間管理に対応できる。 必ず通過する必要があるので、打刻し忘れることが少ない。 セキュリティを高める。	導入時のコストが高い。 カードを所持していない時の対応が必要である。 従業員自身がその場で打刻の記録を確認できない。
労働時間管理システム	システムタイムレコーダーなどの労働時間管理機器を社内ネットワーク等を介して、労働時間等のデータを一括管理、処理するシステムで、労働時間管理を迅速・正確に一元化する。	関連ソフトウェアとの連携ができる。 複数の事業場の管理もネットワークを利用して効率的に行うことができる。 従業員1人ひとりの勤務データを比較検証できる。	機器の使用について従業員に基礎的な知識が必要である。

86 労働時間管理機器の使い方の工夫は？

Q 労働時間を管理するための機器について、その使い方で工夫ができることがあったら、教えてください。

A タイムレコーダー等については、①事業場の基準となる時計を定める、②カードラックを出勤用・退勤用に分ける、③タイムカードを掲示板の近くに設置する、④タイムカードに毎日働いた時間数を記入する、などの工夫次第で有効に活用することが可能である。

タイムレコーダー等については、ちょっとした工夫で、一層有効に活用することができます。いくつかの例を示します。

① 事業場の基準となる時計を定めておく
労働者の個々人の時計の時刻を記入すると不公平感が生まれがちなことから、事業場の基

準となる時計を定めておくことが必要です。

② カードラックを出勤用・退勤用に分ける
タイムカードを出勤用・退勤用に分けることで、従業員の意識が明確になります。

③ タイムカードを掲示板の近くに設置する
タイムカードを掲示板の近くに設置すると、掲示や伝言内容を従業員に伝えることができます。

④ タイムカードに毎日働いた時間数を記入する
パートタイム労働者等時間給で賃金が支給される者は、賃金に労働時間数が直接反映するシステムであることから、タイムカードに毎日働いた時間数を記入することが適当です。

第４部　サービス残業解消に向けた取組みについてのチェック・リスト

サービス残業の解消を図るためには、企業と労働組合が一体となって取り組むことが重要ですが、そのためには関係者が共通した認識を持つことが大切です。このような共通認識の形成に役立てるために、以下のように、事業主、労働組合、管理職及び一般従業員向けのチェック・リストを用意してみました。

質問は、それぞれの立場に適合するように表現などに差をつけています。回答は本文をお読みいただければ、十分ご理解いただけるような内容になっています。ぜひご活用いただき、サービス残業の完全解消に役立てていただければ、幸いです。

1．事業主向けチェック・リスト

項目		質問	回答	
サービス残業に関する基本	1	サービス残業とは、どのようなものか、ご存知ですか。	知っている。	知らない。
	2	サービス残業は、長時間労働や過重労働につながりやすいと思いますか。	そう思う。	そう思わない。
	3	サービス残業は、人件費の削減のために行われることが多いと思いますか。	そう思う。	そう思わない。
	4	残業が削減されずに残業手当だけが削減されるために、サービス残業が発生することが多いと思いますか。	そう思う。	そう思わない。
	5	マスコミで報道されているサービス残業の事例は、氷山の一角だと思いますか。	そう思う。	そう思わない。
	6	自己申告により正確な残業時間を申告しにくい雰囲気がある場合には、サービス残業が発生しやすいと思いますか。	そう思う。	そう思わない。
	7	自己申告制については、労働者が自己の労働能力について高い評価を受けたいため労働時間を過少申告する傾向にあると思いますか。	そう思う。	そう思わない。
	8	労働時間短縮についての取組みが労働者の労働時間の適正な申告を阻害する要因となっている場合があると思いますか。	そう思う。	そう思わない。
	9	残業手当の定額払い、職場単位での残業手当の予算枠、残業手当の目安時間の設定等の措置が、労働者の労働時間の適正な申告を阻害する要因となっている場合があると思いますか。	そう思う。	そう思わない。

認識	10	労働基準行政では、サービス残業の解消は最優先課題と位置づけて、取り組んでいると思いますか。	そう思う。	そう思わない。
	11	サービス残業があった場合には、過去にさかのぼって残業手当を支払うことが命じられると思いますか。	そう思う。	そう思わない。
サービス残業に関	12	サービス残業は、法律上問題がないですか。	問題がない。	問題がある。
	13	サービス残業は、労働者が同意していれば、法律上問題がないですか。	問題がない。	問題がある。
	14	サービス残業は、労働契約に違反しますか。	違反する。	違反しない。
	15	残業手当の支払いを行う残業時間の上限を決めることは、法律上問題がないですか。	問題がない。	問題がある。
	16	一定額以上の残業手当を支払わないことは、法律上問題がないですか。	問題がない。	問題がある。
	17	一定時間以上残業した場合に限って残業手当を支払うことは、法律上問題がないですか。	問題がない。	問題がある。
	18	振り替えられた休日に出勤させ、休日手当を支払わないことは、法律上問題がないですか。	問題がない。	問題がある。
	19	年俸制給与の場合、残業手当を支払わないことは、法律上問題がないですか。	問題がない。	問題がある。
	20	社内で管理職として取扱えば、残業手当を支払わないことは、法律上問題がないですか。	問題がない。	問題がある。
	21	労働者の自発的な残業は、労働時間には該当しないと思いますか。	そう思う。	そう思わない。

する法律知識	22	事業場外で働く営業社員の場合、労働時間が算定しがたいので、常に所定労働時間労働したものとみなされますか。	そう思う。	そう思わない。
	23	三六協定を締結し、労働基準監督署長に届け出れば、その三六協定に定められた限度時間の範囲内で、労働者に時間外・休日労働をさせることができますか。	そう思う。	そう思わない。
	24	個々の労働者に時間外・休日労働を命じ、これに従わせるためには、労働協約、就業規則、労働契約等にその根拠となる規定が必要ですか。	必要である。	必要ない。
	25	三六協定の締結当事者である過半数代表者は、管理職でもよいと思いますか。	そう思う。	そう思わない。
	26	所定時間外労働については、常に労働基準法の割増賃金を支払わなければならないですか。	そう思う。	そう思わない。
	27	三六協定で定める時間外労働の時間数には制限はないですか。	そう思う。	そう思わない。
	28	法定時間外労働の割増賃金の割増率は35%以上ですか。	そう思う。	そう思わない。
	29	割増賃金の算定の基礎には、住宅手当を参入しなければなりませんか。	そう思う。	そう思わない。
サービ	30	労働時間を適正に管理するためには、労働者の労働日ごとの始業・終業時刻を確認し、これを記録することが必要ですか。	必要である。	必要ない。
	31	始業・終業時刻を確認し、記録する方法としては、①使用者が自ら現認することも②タイムカード等で記録することも③自己申告制によることも同じですか。	同じである。	異なる
	32	自己申告による労働時間の把握については、労働時間の管理が曖昧になりがちだと思いますか。	そう思う。	そう思わない。

ス残業に関する問題点	33	自己申告制の場合、労働者に対して、適正な自己申告や自己申告制の具体的な内容、適正な自己申告を行ったことにより不利益な取扱いが行われることがないことなどについて説明を行うことは必要ですか。	必要である。	必要ない。
	34	労務管理の責任者は、労働時間管理の適正化に関する事項を管理し、労働時間管理上の問題点の把握とその解消を図ることは必要ですか。	必要である。	必要ない。
	35	労働時間等設定改善委員会等で、労働時間管理の現状を把握の上、労働時間管理上の問題点及びその解消策等の検討を行うことは必要ですか。	必要である。	必要ない。
	36	労使が各事業場における労働時間の管理の適正化とサービス残業の解消のために講ずべき事項を示し、企業の本社と労働組合が一体となって企業全体としての主体的な取組みを行うことは必要ですか。	必要である。	必要ない。
	37	貴社では、職場の中にサービス残業が存在することはやむを得ないとの共通の意識がありますか。	あると思う。	ないと思う。
	38	貴社では、職場の中にサービス残業が存在することはやむを得ないとの共通の意識がある場合に、これを改める必要があると思いますか。	そう思う。	そう思わない。
	39	貴社では、職場の中にサービス残業が存在することはやむを得ないとの共通の意識がある場合に、これを改める努力をしていますか。	行っている。	行っていない。

サービス	40	貴社では、経営トップによるサービス残業解消に向けた決意表明を行っていますか。	行っている。	行っていない。
	41	貴社では、労使によるサービス残業撲滅共同宣言を行っていますか。	行っている。	行っていない。
	42	貴社では、労使共同による事業場内巡視を行っていますか。	行っている。	行っていない。
	43	貴社では、サービス残業解消のための教育を行っていますか。	行っている。	行っていない。
	44	貴社では、出退勤時刻や入退室時刻の記録をシステム的に行っていますか。	行っている。	行っていない。
	45	貴社では出退勤時刻等の事業場内のコンピューターシステムへの入力・記録をシステム的に行っていますか。	行っている。	行っていない。
	46	貴社では、サービス残業の解消に向けて関係者が行うべき事項や手順等を具体的に示したマニュアルを作成していますか。	行っている。	行っていない。
	47	貴社では、人件費予算の制約によりサービス残業を行うことがないよう、業務内容と予算額の調整を行っていますか。	行っている。	行っていない。
	48	貴社ではサービス残業をした労働者もこれを許した現場責任者も評価しない人事労務管理を行っていますか。	行っている。	行っていない。
	49	貴社では、労働時間の正確な申告をした労働者に対し、査定などで不利益な取扱いをしていますか。	行っている。	行っていない。
	50	貴社では、残業時間が多いことを理由として、労働者のボーナスの査定を下げたり、勤務評定を下げたりしていますか。	行っている。	行っていない。
	51	貴社では、事業場ごとに労働時間の管理を行う責任者を明確にしていますか。	行っている。	行っていない。

残業に対	52	貴社では、同じ指揮命令系統にない複数の者を労働時間管理の責任者にすることにより、牽制体制を確立して労働時間のダブルチェックを行っていますか。	行っている。	行っていない。
	53	貴社では、企業全体として適正な労働時間の管理を遵守徹底させる責任者の選任を行っていますか。	行っている。	行っていない。
	54	貴社では、サービス残業に関する相談窓口を設置していますか。	行っている。	行っていない。
	55	貴社では、上司や人事労務担当者以外の者をサービス残業に関する相談窓口にしていますか。	行っている。	行っていない。
	56	貴社では、企業トップが直接情報を把握できるような投書箱（目安箱）や専用の電子メールアドレスを設けていますか。	行っている	行っていない。
	57	貴社では、労働時間等設定改善委員会を設置していますか。	行っている。	行っていない。
	58	貴社では、労働時間等設定改善委員会に労働組合や労働者代表を参加させていますか。	行っている。	行っていない。
	59	貴社では、残業を減らすため、業務の棚卸しにより「本当に必要な仕事」と「不必要な仕事」を判別して、絶対的な仕事量を減らす努力をしていますか。	行っている。	行っていない。
	60	貴社では、残業を減らすため、各人の仕事配分や業務体制について見直し、適正な人員配置を行う努力をしていますか。	行っている。	行っていない。
	61	貴社では、人員配置を見直すに当たり、割増賃金を含めた総額人件費を計算し、これと新規雇用した場合の総額人件費あるいはアウトソーシングのコストを比較していますか。	行っている。	行っていない。

する取組	62	貴社では、始業・終業時刻を確認し、記録する方法として、①使用者が自ら現認する方法、②タイムカード等で記録する方法、③自己申告制による方法のいずれの方法を採用していますか。	の方法を採用している。	
	63	貴社では、労働時間管理を行うための機器として、①タイムカード、②IDカード、③身体による個人認証方式、④改札口（チェックインゲート）方式、⑤労働時間管理ネットワーク、⑥その他の機器、⑦機器は使用していない、のいずれの方法を採用していますか。	の方法を採用している。	
	64	貴社では、残業命令書やこれに対する報告書、業務日報などとタイムカードなどによる記録と突合して確認し、記録していますか。	行っている。	行っていない。
	65	貴社では、残業命令書やこれに対する報告書、業務日報などとタイムカードなどによる記録との突合の結果、一致しない場合には、労働者本人に事情を聞くなどして確認していますか。	行っている。	行っていない。
	66	貴社では、申告された時間とタイムカードの時間にずれがある場合には、タイムカードの時間を修正していますか。	行っている。	行っていない。
	67	貴社では、出退勤の管理を全て、社員に任せていますか。	行っている。	行っていない。
	68	貴社では、残業を減らすために、各職場に残業を極力減らすようにとの貼り紙をしていますか。	行っている。	行っていない。
	69	貴社では、就業規則や三六協定などが適正に作成・締結されているか、労働基準監督署長に届け出ているのかチェックしていますか。	行っている。	行っていない。

み	70	貴社では、残業時間削減のための社内通達が出ていたり、残業手当の定額払い、部署ごとに残業手当の予算が決められていたりする場合には、これらが労働者の自己申告を阻害する要因となっていないかについてチェックしていますか。	行っている。	行っていない。
	71	貴社では、残業時間についてどのように申告すればよいのか、管理職はどのようにチェックするのか、自己申告制の具体的内容などについて、管理職や労働者に事前に説明していますか。	行っている。	行っていない。
	72	貴社では、従業員が始業・終業時刻を記録したものを毎日管理職が確認していますか。	行っている。	行っていない。
	73	貴社では、自己申告により始業・終業時刻を把握している労働者について、一定期間自己申告以外の方法を併用して始業・終業時刻を把握し、自己申告に基づく始業・終業時刻と照合する実態調査をしていますか。	行っている。	行っていない。
残	74	貴社では、残業があった場合には残業手当を適正に支払っていますか。	行っている。	行っていない。
	75	貴社では、残業があった場合には割増賃金を支払っていますか。	行っている。	行っていない。
	76	貴社では、年俸制を採用している場合に、残業手当に相当する部分を明確にしていますか。	行っている。	行っていない。
	77	貴社では、年俸制を採用している場合、年俸制に含まれる残業手当の金額を超える残業があった場合には、それに相当する額を別途支払っていますか。	行っている。	行っていない。

業手当の支払い	78	貴社では、残業手当を支払わない管理者について、経営者と一体的な立場にあり、出退勤などに厳格な制限を受けず、かつ、相応の処遇がなされている者に限っていますか。	行っている。	行っていない。
	79	貴社では、残業時間について、一定時間以上の残業をした場合に限って残業手当を支払っていますか。	行っている。	行っていない。
	80	貴社では、残業時間に上限を設けて、それ以上残業しても残業手当を支払わないようにしていますか。	行っている。	行っていない。
	81	貴社では振替休日の場合、振り替えられた休日に出勤した者に休日手当を支払っていますか。	行っている。	行っていない。
	82	貴社では、残業手当の支払いについて、計算の便宜のために30分以内の残業について切り捨てていますか。	行っている。	行っていない。
	83	貴社では、残業手当の支払いについて、計算の便宜のために１時間未満の残業について四捨五入していますか。	行っている。	行っていない。
	84	貴社では、従業員が休日出勤した場合に、私用で出勤したことにしていますか。	行っている。	行っていない。
	85	貴社では、残業手当をボーナス時に一括して支払っていますか。	行っている。	行っていない。
	86	貴社では、残業代を一定額に制限していますか。	行っている。	行っていない。
	87	貴社では、会社側で残業の指示をしていない場合には、残業手当を支払わないことにしていますか。	行っている。	行っていない。
	88	貴社では、外勤の営業社員については時間外手当を支払わないことにしていますか。	行っている。	行っていない。

2．労働組合向けチェック・リスト

項目		質問	回答	
サービス残業に関する基本	1	サービス残業とは、どのようなものか、ご存知ですか。	知っている。	知らない。
	2	サービス残業は、長時間労働や過重労働につながりやすいと思いますか。	そう思う。	そう思わない。
	3	サービス残業は、人件費の削減のために行われることが多いと思いますか。	そう思う。	そう思わない。
	4	残業が削減されずに残業手当だけが削減されるために、サービス残業が発生することが多いと思いますか。	そう思う。	そう思わない。
	5	マスコミで報道されているサービス残業の事例は、氷山の一角だと思いますか。	そう思う。	そう思わない。
	6	自己申告により正確な残業時間を申告しにくい雰囲気がある場合には、サービス残業が発生しやすいと思いますか。	そう思う。	そう思わない。
	7	自己申告制については、労働者が自己の労働能力について高い評価を受けたいため労働時間を過少申告する傾向にあると思いますか。	そう思う。	そう思わない。
	8	労働時間短縮についての取組みが労働者の労働時間の適正な申告を阻害する要因となっている場合があると思いますか。	そう思う。	そう思わない。
	9	残業手当の定額払い、職場単位での残業手当の予算枠、残業手当の目安時間の設定等の措置が、労働者の労働時間の適正な申告を阻害する要因となっている場合があると思いますか。	そう思う。	そう思わない。

認識	10	労働基準行政では、サービス残業の解消は最優先課題と位置づけて、取り組んでいると思いますか。	そう思う。	そう思わない。
	11	サービス残業があった場合には会社が過去にさかのぼって残業手当を支払うことが命じられると思いますか。	そう思う。	そう思わない。
サービス残業に関	12	サービス残業は、法律上問題がないですか。	問題がない。	問題がある。
	13	サービス残業は、労働者が同意していれば、法律上問題がないですか。	問題がない。	問題がある。
	14	サービス残業は、労働契約に違反しますか。	違反する。	違反しない。
	15	残業手当の支払いを行う残業時間の上限を決めることは、法律上問題がないですか。	問題がない。	問題がある。
	16	一定額以上の残業手当を支払わないことは、法律上問題がないですか。	問題がない。	問題がある。
	17	一定時間以上残業した場合に限って残業手当を支払うことは、法律上問題がないですか。	問題がない。	問題がある。
	18	振り替えられた休日に出勤させ、休日手当を支払わないことは、法律上問題がないですか。	問題がない。	問題がある。
	19	年俸制給与の場合、残業手当を支払わないことは、法律上問題がないですか。	問題がない。	問題がある。
	20	社内で管理職として取り扱われている者には残業手当を一切支払わないことは、法律上問題がないですか。	問題がない。	問題がある。
	21	労働者の自発的な残業は、労働時間には該当しないと思いますか。	そう思う。	そう思わない。

する法律知識	22	事業場外で働く営業社員の場合労働時間が算定しがたいので常に所定労働時間労働したものとみなされますか。	そう思う。	そう思わない。
	23	三六協定を締結し、労働基準監督署長に届け出れば、その三六協定に定められた限度時間の範囲内で、労働者に時間外・休日労働をさせることができますか。	そう思う。	そう思わない。
	24	個々の労働者に時間外・休日労働を命じ、これに従わせるためには、労働協約、就業規則、労働契約等にその根拠となる規定が必要ですか。	必要である。	必要ない。
	25	三六協定の締結当事者である過半数代表者は、管理職でもよいと思いますか。	そう思う。	そう思わない。
	26	所定時間外労働については、常に労働基準法の割増賃金を支払わなければならないですか。	そう思う。	そう思わない。
	27	三六協定で定める時間外労働の時間数には制限はないですか。	そう思う。	そう思わない。
	28	法定時間外労働の割増賃金の割増率は35%以上ですか。	そう思う。	そう思わない。
	29	割増賃金の算定の基礎には、住宅手当を参入しなければなりませんか。	そう思う。	そう思わない。
サー	30	労働時間を適正に管理するためには、労働者の労働日ごとの始業・終業時刻を確認し、これを記録することが必要ですか。	必要である。	必要ない。
	31	始業・終業時刻を確認し、記録する方法としては、①使用者が自ら現認することも②タイムカード等で記録することも③自己申告制によることも同じですか。	同じである。	異なる
	32	自己申告による労働時間の把握については、労働時間の管理が曖昧になりがちだと思いますか。	そう思う。	そう思わない。

ビス残業に関する問題	33	自己申告制の場合、会社は労働者に対して、適正な自己申告や自己申告制の具体的な内容、適正な自己申告を行ったことにより不利益な取扱いが行われることがないことなどについて説明を行うことは必要ですか。	必要である。	必要ない。
	34	労務管理の責任者は、労働時間管理の適正化に関する事項を管理し、労働時間管理上の問題点の把握とその解消を図ることは必要ですか。	必要である。	必要ない。
	35	労働時間等設定改善委員会等で、労働時間管理の現状を把握の上、労働時間管理上の問題点及びその解消策等の検討を行うことは必要と思いますか。	必要である。	必要ない。
	36	労使が各事業場における労働時間の管理の適正化とサービス残業の解消のために講ずべき事項を示し、企業の本社と労働組合等が一体となっての企業全体としての主体的な取組みを行うことは必要と思いますか。	必要である。	必要ない。
	37	貴組合では、労使によるサービス残業撲滅共同宣言を行う必要があると考えていますか。	必要である。	必要ない。
	38	貴組合では、労使共同による事業場内巡視が必要と思いますか。	必要である。	必要ない。
	39	サービス残業の解消に向けて関係者が行うべき事項や手順等を具体的に示したマニュアルを作成する必要があると思いますか。	必要である。	必要ない。
	40	労働組合の代表が参加する労働時間等設定改善委員会が必要と思いますか。	必要である。	必要ない。
	41	残業を減らすため各人の仕事配分や業務体制について見直し適正な人員配置を行う必要があると思いますか。	必要である。	必要ない。

点	42	残業を減らすため、業務の棚卸しにより、仕事量を減らす必要があると思いますか。	必要である。	必要ない。
	43	職場の中にサービス残業が存在することはやむを得ないとの共通の意識がありますか。	あると思う。	ないと思う。
	44	職場の中にサービス残業が存在することはやむを得ないとの共通の意識がある場合に、これを改める必要があると思いますか。	そう思う。	そう思わない。
サービス	45	貴組合では、職場の中にサービス残業が存在することはやむを得ないとの共通の意識がある場合に、これを改める努力をしていますか。	行っている。	行っていない。
	46	貴組合では、労使によるサービス残業撲滅共同宣言を行っていますか。	行っている。	行っていない。
	47	貴組合では、労使共同による事業場内巡視を行っていますか。	行っている。	行っていない。
	48	貴組合では、労働時間等設定改善委員会等で、労働時間管理の現状を把握の上、労働時間管理上の問題点及びその解消策等の検討を行うことに参加していますか。	行っている。	行っていない。
	49	貴組合では、労使が各事業場における労働時間の管理の適正化とサービス残業の解消のために講ずべき事項を示し、企業の本社と労働組合等が一体となって企業全体としての主体的な取組みを行っていますか。	行っている。	行っていない。
	50	貴組合では、労働時間等設定改善委員会等以外の方法で、サービス残業問題をめぐる実態把握やサービス残業の解消に向けての改善策の検討や実施に参加していますか。	行っている。	行っていない。

残業に対する取組み	51	貴組合では、組合員にサービス残業解消のための教育を行っていますか。	行っている。	行っていない。
	52	貴組合では、残業時間についてどのように申告すればよいのか、自己申告制の具体的内容などについて、組合員に教育していますか。	行っている。	行っていない。
	53	貴組合では、残業時間が多いことのみを理由として、組合員が不利益な取扱いをされていないかチェックしていますか。	行っている。	行っていない。
	54	貴組合では、就業規則や三六協定などが適正に作成・締結されているか、労働基準監督署長に届け出ているのかチェックしていますか。	行っている。	行っていない。
	55	貴組合では、残業時間削減のための社内通達や残業手当の定額払い、部署ごとに残業手当の予算が決められていたりすることが労働者の自己申告を阻害する要因となっていないかについてチェックしていますか。	行っている。	行っていない。
	56	貴組合では、三六協定が適正に実施されているか、その履行状況をチェックし、監視していますか。	行っている。	行っていない。
	57	貴組合では、時間外労働や休日労働が行われた場合の残業手当の支払いについて、その履行状況をチェックし、監視していますか。	行っている。	行っていない。
	58	貴組合では、サービス残業をめぐる問題について、労働者から苦情や相談を受け付ける相談窓口を設けていますか。	行っている。	行っていない。
	59	貴組合では、サービス残業が発生した場合に使用者と連携して対応していますか。	行っている。	行っていない。

60	貴組合では、労働時間の把握が適正に行われていないという指摘をしたことがありますか。	行っている。	行っていない。
61	貴組合では、自己申告により始業・終業時刻を把握している労働者について、一定期間、自己申告以外の方法を併用して始業・終業時刻を把握し、自己申告に基づく始業・終業時刻と照合する実態調査について、会社側と協力して行っていますか。	行っている。	行っていない。

3．管理職向けチェック・リスト

項目		質問	回答	
サービス残業に関する基本	1	サービス残業とは、どのようなものか、ご存知ですか。	知っている。	知らない。
	2	サービス残業は、長時間労働や過重労働につながりやすいと思いますか。	そう思う。	そう思わない。
	3	サービス残業は、人件費の削減のために行われることが多いと思いますか。	そう思う。	そう思わない。
	4	残業が削減されずに残業手当だけが削減されるために、サービス残業が発生することが多いと思いますか。	そう思う。	そう思わない。
	5	マスコミで報道されているサービス残業の事例は、氷山の一角だと思いますか。	そう思う。	そう思わない。
	6	自己申告により正確な残業時間を申告しにくい雰囲気がある場合には、サービス残業が発生しやすいと思いますか。	そう思う。	そう思わない。
	7	自己申告制については、労働者が自己の労働能力について高い評価を受けたいため労働時間を過少申告する傾向にあると思いますか。	そう思う。	そう思わない。
	8	労働時間短縮についての取組みが労働者の労働時間の適正な申告を阻害する要因となっている場合があると思いますか。	そう思う。	そう思わない。
	9	残業手当の定額払い、職場単位での残業手当の予算枠、残業手当の目安時間の設定等の措置が、労働者の労働時間の適正な申告を阻害する要因となっている場合があると思いますか。	そう思う。	そう思わない。

認識	10	労働基準行政では、サービス残業の解消は最優先課題と位置づけて、取り組んでいると思いますか。	そう思う。	そう思わない。
	11	サービス残業があった場合には、会社が過去にさかのぼって残業手当を支払うことが命じられると思いますか。	そう思う。	そう思わない。
サービス残業に関	12	サービス残業は、法律上問題がないですか。	問題がない。	問題がある。
	13	サービス残業は、労働者が同意していれば、法律上問題がないですか。	問題がない。	問題がある。
	14	サービス残業は、労働契約に違反しますか。	違反する。	違反しない。
	15	残業手当の支払いを行う残業時間の上限を決めることは、法律上問題がないですか。	問題がない。	問題がある。
	16	一定額以上の残業手当を支払わないことは、法律上問題がないですか。	問題がない。	問題がある。
	17	一定時間以上残業した場合に限って残業手当を支払うことは、法律上問題がないですか。	問題がない。	問題がある。
	18	振り替えられた休日に出勤させ、休日手当を支払わないことは、法律上問題がないですか。	問題がない。	問題がある。
	19	年俸制給与の場合、残業手当を支払わないことは、法律上問題がないですか。	問題がない。	問題がある。
	20	社内で管理職として取り扱われている場合、残業手当が支払われないことは、法律上問題がないですか。	問題がない。	問題がある。
	21	労働者の自発的な残業は、労働時間には該当しないと思いますか。	そう思う。	そう思わない。

する法律知識	22	事業場外で働く営業社員の場合、労働時間が算定しがたいので、常に所定労働時間労働したものとみなされますか。	そう思う。	そう思わない。
	23	三六協定を締結し、労働基準監督署長に届け出れば、その三六協定に定められた限度時間の範囲内で、労働者に時間外・休日労働をさせることができますか。	そう思う。	そう思わない。
	24	個々の労働者に時間外・休日労働を命じ、これに従わせるためには、労働協約、就業規則、労働契約等にその根拠となる規定が必要ですか。	必要である。	必要ない。
	25	三六協定の締結当事者である過半数代表者は、管理職でもよいと思いますか。	そう思う。	そう思わない。
	26	所定時間外労働については、常に労働基準法の割増賃金を支払わなければならないですか。	そう思う。	そう思わない。
	27	三六協定で定める時間外労働の時間数には制限はないですか。	そう思う。	そう思わない。
	28	法定時間外労働の割増賃金の割増率は35%以上ですか。	そう思う。	そう思わない。
	29	割増賃金の算定の基礎には、住宅手当を参入しなければなりませんか。	そう思う。	そう思わない。
サービ	30	労働時間を適正に管理するためには、労働者の労働日ごとの始業・終業時刻を確認し、これを記録することが必要ですか。	必要である。	必要ない。
	31	始業・終業時刻を確認し、記録する方法としては、①使用者が自ら現認することも②タイムカード等で記録することも③自己申告制によることも同じですか。	同じである。	異なる
	32	自己申告による労働時間の把握については、労働時間の管理が曖昧になりがちだと思いますか。	そう思う。	そう思わない。

ス残業に関する問題点	33	自己申告制の場合、会社は労働者に対して、適正な自己申告や自己申告制の具体的な内容、適正な自己申告を行ったことにより不利益な取扱いが行われることがないことなどについて説明を行うことは必要ですか。	必要である。	必要ない。
	34	労務管理の責任者は、労働時間管理の適正化に関する事項を管理し、労働時間管理上の問題点の把握とその解消を図ることは必要ですか。	必要である。	必要ない。
	35	労働時間等設定改善委員会等で、労働時間管理の現状を把握の上、労働時間管理上の問題点及びその解消策等の検討を行うことは必要ですか。	必要である。	必要ない。
	36	労使が各事業場における労働時間の管理の適正化とサービス残業の解消のために講ずべき事項を示し、企業の本社と労働組合が一体となって企業全体としての主体的な取組みを行うことは必要ですか。	必要である。	必要ない。
	37	職場の中にサービス残業が存在することはやむを得ないとの共通の意識がありますか。	あると思う。	ないと思う。
	38	職場の中にサービス残業が存在することはやむを得ないとの共通の意識がある場合に、これを改める必要があると思いますか。	そう思う。	そう思わない。
サ	39	職場の中にサービス残業が存在することはやむを得ないとの共通の意識がある場合に、これを改める努力をしていますか。	行っている。	行っていない。
	40	あなたは、サービス残業を根絶するという意識を持っていますか。	持っている。	持っていない。
	41	あなたは、サービス残業を根絶するため、努力していますか。	行っている。	行っていない。

ー ビ ス 残 業 へ の 取 組 み	42	あなたは、労働時間の適正管理の重要性を認識していますか。	認識している。	認識していない。
	43	あなたは、労働時間が適正に管理されるよう、努力していますか。	行っている。	行っていない。
	44	あなたは、労働基準法等の労働時間に関する各種法令の内容を十分理解していますか。	理解している。	理解していない。
	45	あなたは、労働基準法等の労働時間に関する各種法令の内容を部下に説明していますか。	行っている。	行っていない。
	46	あなたは、不適正な労働時間管理を行った場合、会社が法違反になることを十分認識していますか。	認識している。	認識していない。
	47	あなたは、労働時間の適正な申告やその際の留意点等を部下に対してきちんと指示し、説明することができますか。	できる。	できない。
	48	あなたは、労働時間の適正な申告やその際の留意点等を部下に対してきちんと指示し、説明していますか。	行っている。	行っていない。
	49	あなたは、業務を効率的に行うことの必要性について、十分認識していますか。	認識している。	認識していない。
	50	あなたは、業務を効率的に行うことについて、部下を指導していますか。	行っている。	行っていない。
	51	あなたは、率先して、業務終了後は速やかに退勤していますか。	行っている。	行っていない。
	52	あなたは、業務終了後は速やかに退勤するよう、部下を指導していますか。	行っている。	行っていない。
	53	あなたは、部下から残業手当の支払いについて、苦情や相談があった場合には、誠実に対応していますか。	行っている。	行っていない。

4．一般従業員向けチェック・リスト

項目		質問	回答	
サービス残業に関する基本	1	サービス残業とは、どのようなものか、ご存知ですか。	知っている。	知らない。
	2	サービス残業は、長時間労働や過重労働につながりやすいと思いますか。	そう思う。	そう思わない。
	3	サービス残業は、人件費の削減のために行われることが多いと思いますか。	そう思う。	そう思わない。
	4	残業が削減されずに残業手当だけが削減されるために、サービス残業が発生することが多いと思いますか。	そう思う。	そう思わない。
	5	マスコミで報道されているサービス残業の事例は、氷山の一角だと思いますか。	そう思う。	そう思わない。
	6	自己申告により正確な残業時間を申告しにくい雰囲気がある場合には、サービス残業が発生しやすいと思いますか。	そう思う。	そう思わない。
	7	自己申告制については、労働者が自己の労働能力について高い評価を受けたいため労働時間を過少申告する傾向にあると思いますか。	そう思う。	そう思わない。
	8	労働時間短縮についての取組みが労働者の労働時間の適正な申告を阻害する要因となっている場合があると思いますか。	そう思う。	そう思わない。
	9	残業手当の定額払い、職場単位での残業手当の予算枠、残業手当の目安時間の設定等の措置が、労働者の労働時間の適正な申告を阻害する要因となっている場合があると思いますか。	そう思う。	そう思わない。

認識	10	労働基準行政では、サービス残業の解消は最優先課題と位置づけて、取り組んでいると思いますか。	そう思う。	そう思わない。
	11	サービス残業があった場合には、会社が過去にさかのぼって残業手当を支払うことが命じられると思いますか。	そう思う。	そう思わない。
サービス残業に関	12	サービス残業は、法律上問題がないですか。	問題がない。	問題がある。
	13	サービス残業は、労働者が同意していれば、法律上問題がないですか。	問題がない。	問題がある。
	14	サービス残業は、労働契約に違反しますか。	違反する。	違反しない。
	15	残業手当の支払いを行う残業時間の上限を決めることは、法律上問題がないですか。	問題がない。	問題がある。
	16	一定額以上の残業手当を支払わないことは、法律上問題がないですか。	問題がない。	問題がある。
	17	一定時間以上残業した場合に限って残業手当を支払うことは、法律上問題がないですか。	問題がない。	問題がある。
	18	振り替えられた休日に出勤させ、休日手当を支払わないことは、法律上問題がないですか。	問題がない。	問題がある。
	19	年俸制給与の場合、残業手当を支払わないことは、法律上問題がないですか。	問題がない。	問題がある。
	20	社内で管理職として取り扱われている場合、残業手当が支払われないことは、法律上問題がないですか。	問題がない。	問題がある。
	21	労働者の自発的な残業は、労働時間には該当しないと思いますか。	そう思う。	そう思わない。

する法律知識	22	事業場外で働く営業社員の場合、労働時間が算定しがたいので、常に所定労働時間労働したものとみなされますか。	そう思う。	そう思わない。
	23	三六協定を締結し、労働基準監督署長に届け出れば、その三六協定に定められた限度時間の範囲内で、労働者に時間外・休日労働をさせることができますか。	そう思う。	そう思わない。
	24	個々の労働者に時間外・休日労働を命じ、これに従わせるためには、労働協約、就業規則、労働契約等にその根拠となる規定が必要ですか。	必要である。	必要ない。
	25	三六協定の締結当事者である過半数代表者は、管理職でもよいと思いますか。	そう思う。	そう思わない。
	26	所定時間外労働については、常に労働基準法の割増賃金を支払わなければならないですか。	そう思う。	そう思わない。
	27	三六協定で定める時間外労働の時間数には制限はないですか。	そう思う。	そう思わない。
	28	法定時間外労働の割増賃金の割増率は35%以上ですか。	そう思う。	そう思わない。
	29	割増賃金の算定の基礎には、住宅手当を参入しなければなりませんか。	そう思う。	そう思わない。
サービ	30	労働時間を適正に管理するためには、労働者の労働日ごとの始業・終業時刻を確認し、これを記録することが必要ですか。	必要である。	必要ない。
	31	始業・終業時刻を確認し、記録する方法としては、①使用者が自ら現認することも②タイムカード等で記録することも③自己申告制によることも同じですか。	同じである。	異なる
	32	自己申告による労働時間の把握については、労働時間の管理が曖昧になりがちだと思いますか。	そう思う。	そう思わない。

ス残業に関する問題点	33	自己申告制の場合、会社は労働者に対して、適正な自己申告や自己申告制の具体的な内容、適正な自己申告を行ったことにより不利益な取扱いが行われることがないことなどについて説明を行うことは必要ですか。	必要である。	必要ない。
	34	労務管理の責任者は、労働時間管理の適正化に関する事項を管理し、労働時間管理上の問題点の把握とその解消を図ることは必要ですか。	必要である。	必要ない。
	35	労働時間等設定改善委員会等で、労働時間管理の現状を把握の上、労働時間管理上の問題点及びその解消策等の検討を行うことは必要ですか。	必要である。	必要ない。
	36	労使が各事業場における労働時間の管理の適正化とサービス残業の解消のために講ずべき事項を示し、企業の本社と労働組合が一体となっての企業全体としての主体的な取組みを行うことは必要ですか。	必要である。	必要ない。
	37	職場の中にサービス残業が存在することはやむを得ないとの共通の意識がありますか。	あると思う。	ないと思う。
	38	職場の中にサービス残業が存在することはやむを得ないとの共通の意識がある場合に、これを改める必要があると思いますか。	そう思う。	そう思わない。
サー	39	職場の中にサービス残業が存在することはやむを得ないとの共通の意識がある場合に、これを改める努力をしていますか。	行っている。	行っていない。
	40	あなたは、仕事に専念し効率的に働くという意識を持って、仕事をしていますか。	行っている。	行っていない。

ビス残業への取組み	41	あなたは、労働時間を少なめに申告する方が自己の評価が高まると思っていますか。	思っている。	思っていない。
	42	あなたは、労働時間を少なめに申告したことがありますか。	ある。	ない。
	43	あなたは、所定労働時間内に業務が終了するように最善を尽くしていますか。	行っている。	行っていない。
	44	あなたは、業務終了後は速やかに退勤していますか。	行っている。	行っていない。
	45	あなたは、出勤時刻・退勤時刻について、正確に申告をしていますか。	行っている。	行っていない。
	46	あなたは、残業した場合には、それに対応する残業手当の請求をしていますか。	行っている。	行っていない。
	47	あなたは、残業手当が適正に支払われない場合、苦情を言ったり、相談をしたりしていますか。	行っている。	行っていない。

著　者

木村 大樹（きむら　だいじゅ）

昭和29年熊本県生まれ　昭和52年東京大学法学部卒業　同年労働省（現厚生労働省）入省

以後、労働基準局監督課、労政局労働法規課、職業安定局雇用政策課、官房総務課等の勤務を経て、職業安定局建設・港湾対策室長、北海道商工労働観光部次長、労働基準局安全衛生部計画課長、労働基準局庶務課長、職業能力開発局能力開発課長、国際協力専門家（ベトナム政府工業省派遣）。現在、国際産業労働調査研究センター代表。

主な著作（共著を含む）

「人材派遣法の実務解説」

「外国人労働者・研修生の労務管理の実務」

「派遣スタッフの人材活用」

「最新・ベトナムの労働法」

「海外・人づくりハンドブック（ベトナム編）」

「最新・ベトナムの労働事情」

「個人情報保護と労務管理」

サービス残業Q＆A

平成18年３月10日　初版発行

著　者　木　村　大　樹

発　行　社団法人 全国労働基準関係団体連合会

〒105-0003　東京都港区西新橋２－16－２

TEL　03（3437）1　0　2　2

FAX　03（3437）6　6　0　9

〔HOMEPAGE〕http://www.zenkiren.com

発売元　労　働　調　査　会

〒170-0004　東京都豊島区北大塚２－４－５

TEL　03（3915）6　4　0　1

FAX　03（3918）8　6　1　8

〔HOMEPAGE〕http://www.chosakai.co.jp/

ISBN4-89782-924-0 C2030

落丁・乱丁はお取り替え致します。